OS 10 MANDAMENTOS
DA PROSPERIDADE

MARCOS SILVESTRE

Os 10 Mandamentos da Prosperidade

COPYRIGHT © 2015, BY MARCOS SILVESTRE
COPYRIGHT © FARO EDITORIAL, 2015

Todos os direitos reservados.
Nenhuma parte deste livro pode ser reproduzida sob quaisquer meios existentes sem autorização por escrito do editor.

Diretor editorial PEDRO ALMEIDA
Preparação TUCA FARIA
Revisão GABRIELA DE AVILA
Capa e projeto gráfico OSMANE GARCIA FILHO
Ilustrações IVAN COUTINHO

Dados Internacionais de Catalogação na Publicação (CIP)
(Câmara Brasileira do Livro, SP, Brasil)

Silvestre, Marcos
  Os 10 mandamentos da prosperidade / Marcos Silvestre. — 1. ed. -- São Paulo : Faro Editorial, 2015.

  ISBN 978-85-62409-38-7

  1. Economia 2. Finanças pessoais 3. Investimentos 4. Prosperidade 5. Sucesso em negócios I. Título.

15-01660   CDD-650.12

Índice para catálogo sistemático:
1. Prosperidade : Sucesso em negócios : Administração
  650.12

1ª edição brasileira: 2015
Direitos de edição em língua portuguesa, para o Brasil, adquiridos por FARO EDITORIAL

Alameda Madeira, 162 – Sala 1702
Alphaville – Barueri – SP – Brasil
CEP: 06454-010 – Tel.: +55 11 4196-6699
www.faroeditorial.com.br

Sumário

Introdução 7
1 VALORIZAR O TRABALHO 15
2 GASTAR BEM 33
3 EVITAR DÍVIDAS. 77
4 POUPAR SEMPRE 99
5 INVESTIR DIREITO 113
6 GANHAR JUROS. 127
7 COMPRAR À VISTA. 137
8 BATALHAR DESCONTOS 145
9 APROVEITAR TUDO. 163
10 CULTIVAR A GRATIDÃO 169

Introdução

EMPOBRECER OU ENRIQUECER?

A maior parte dos brasileiros, infelizmente, não teve uma boa educação financeira. Como decorrência, acaba pensando pobre, agindo pobre, e, apesar de trabalhar muito, tudo o que consegue é empobrecer mais a cada dia. Dá um duro danado só para pagar as contas, e raramente consegue prosperar. Ninguém merece essa vida, muito menos quem trabalha: você merece prosperidade, isso sim! E prosperidade da melhor espécie: a prosperidade duradoura!

VIDA COM QUALIDADE

O que todos queremos — você, eu — é viver uma boa vida. Está no DNA de todo homem e toda mulher apreciar o que é bom, já que fomos especialmente desenhados pelo Criador para vivermos no Paraíso, onde só há coisas boas para curtir. Viver bem é imperativo e não podemos deixar o momento presente passar sem batalhar para extrair o melhor do aqui e agora. Mas... a vida não é só o hoje (ainda bem!). Amanhã ela prosseguirá e, para a maior parte de nós, deve se estender por muitos anos ainda; algumas décadas, talvez. Por isso, concentrar seu relacionamento com o dinheiro apenas nos seus propósitos de curtíssimo prazo não pode ser a melhor estratégia financeira: ser próspero hoje é importantíssimo, sem dúvida, mas ser próspero amanhã também é. Temos que dar conta da prosperidade em duas dimensões: presente e futuro!

PROSPERIDADE DURADOURA

Os maiores vencedores são pessoas que correm atrás da prosperidade que não se extingue. A prosperidade duradoura é a conquista de uma vida progressivamente melhor, a cada dia mais ajustada, mais equilibrada e — sempre que possível — mais farta! Para nós mesmos, para quem amamos e para todo o mundo. E isso de forma plena, de hoje até o final dos nossos dias, o que torna este grande objetivo mais desafiador do que pode, a princípio, parecer.

A propaganda tem seu foco no imediatismo, assim como nossa cultura deficitária em planejamento financeiro. Mas você não deve se permitir viver de acordo com essa mentalidade volátil: pessoas verdadeiramente prósperas batalham para ter uma qualidade de vida plena não só no presente como também no futuro. Para nós, portanto, só vai valer se for assim: prosperidade duradoura!

GUINADA!

Se você deseja se reeducar financeiramente para colocar-se bem alinhado nos trilhos da prosperidade duradoura, antes de tudo terá que mudar sua mentalidade, para depois transformar suas ações. Eu proponho que você dê uma grande virada em sua predisposição mental com relação ao dinheiro, abandonando velhos preconceitos que empobrecem, substituindo-os por comandos bem positivos, que nada têm de esotéricos ou místicos, visto que são muito práticos.

UMA NOVA FÓRMULA, UMA NOVA MENTALIDADE

Aqui, traduzi um conjunto de mandamentos financeiros bem objetivos e certeiros que irão levá-lo a um outro patamar de consumo, economias e prosperidade. À primeira vista eles podem parecer simples demais, e esta é uma boa notícia: são simples mesmo. Porém, poucas pessoas os colocam em prática para valer. Isso porque falta enxergar como fazer isso no dia a dia. Então, trago aqui várias boas ideias sobre as quais você deverá refletir. Com elas, você poderá reformular sua mentalidade econômica e adotar um novo conjunto de boas práticas de enriquecimento gradual e contínuo rumo à prosperidade duradoura.

OS MANDAMENTOS DA PROSPERIDADE: EM DEZ MINUTOS!

A seguir, você encontrará um rápido resumo de cada um dos mandamentos que desejo lhe transmitir, apenas para lhe dar uma visão de conjunto da maravilhosa obra que você poderá edificar em sua vida financeira a partir da leitura deste livro. Nos capítulos a seguir, fornecerei uma ampla gama de dicas e orientações práticas baseadas em minha experiência colhida nos últimos 25 anos atuando como orientador e educador financeiro multimídia:

1. *Valorizar o trabalho*

A prosperidade duradoura nasce deste princípio sagrado: só o trabalho gera riqueza. Afinal, só o trabalho — tanto o trabalho dos seus braços quanto o labor de sua inteligência — é capaz de transformar recursos brutos em bens e serviços lapidados, coisas e experiências de valor, que agregam de forma positiva à qualidade da vida humana. Sem trabalho não há prosperidade duradoura para a humanidade como um todo, muito menos para um indivíduo específico. Esqueça esse raciocínio de que é o "esquema" — o "lance esperto", ou ainda os "amigos certos nos lugares certos" — o que vai lhe valer como fonte confiável de prosperidade nesta vida! Confie no seu trabalho honesto, dê o seu melhor na sua trajetória profissional, e os resultados financeiros virão. Eles sempre vêm! Em seguida, valorize o fruto do seu trabalho: seu dinheiro. Não foi nada fácil ganhá-lo e você tem de respeitá-lo e tratá-lo com dignidade a partir daí, certo?

2. Gastar bem

O mau gastador se rende facilmente — e irresponsavelmente — aos apelos da propaganda e da pressão social de consumo, assim desperdiçando seu poder de compra em besteiras. Quem gasta mal, despacha dinheiro bom para longe e adquire pouca qualidade de vida em troca. Torra tudo o que ganha ou até mais do que tem... e, justamente por isso, acaba tendo de recorrer às dívidas mal planejadas. O bom gastador, por outro lado, conhece suas verdadeiras prioridades e suas reais possibilidades financeiras. Por conta disso, garantirá que cada centavo do seu dinheiro retornará em forma de algo verdadeiramente bom e se afastará das dívidas imprudentes e mal planejadas. Dinheiro foi feito para gastar: o que está em jogo é se você gastará seu dinheiro para empobrecer ou enriquecer sua vida!

3. Evitar dívidas

Toda dívida cobra juros, e juros pagos são o pior tipo de gasto que se pode ter porque não agregam nada ao seu bem-estar. Os juros que você paga o farão empobrecer um tanto a cada dia, porque os juros sangram o salário e achatam o poder aquisitivo efetivo dos seus ganhos mensais. Pior: quem recorre com frequência ao artifício de alugar dinheiro de bancos e financeiras para tentar tocar a vida e concretizar seus sonhos, acaba por fazê-lo de forma impulsiva, mal planejada, mal calculada e, por isso mesmo, desnecessariamente cara. Pense direito e tome a decisão mais adequada para sua prosperidade duradoura: vai querer abusar das dívidas e enriquecer o banco ou prefere evitá-las e enriquecer seu próprio bolso?

4. Poupar sempre

Só é possível investir o dinheiro que antes se poupou. Dinheiro gasto é dinheiro morto: seja para o bem (usufruir) ou para o mal (desperdiçar). Mas... poupar é chato, gastar é que é gratificante. Contudo, vale lembrar que todo dinheiro poupado irá ressuscitar (maior e "mais vivo"!) logo mais à frente. É isso que deve estimular você a poupar um pouco todo mês: acumular uma grana maior para bancar um grande sonho de compra e consumo, evitando assim apelar para uma nova (e pesada!) dívida. Grandes sonhos precisam mesmo ser parcelados, pagando-se um pedacinho a cada mês. Mas que seja pelo caminho da Poupança, não o da dívida!

5. Investir direito

Para acumular reservas expressivas é necessário aplicar um tanto regularmente, todos os meses. O Brasil é hoje um dos países com acesso mais democrático do pequeno investidor a aplicações dinâmicas que combinam equilibradamente boa segurança com excelente rentabilidade. Mas a maior parte dos brasileiros vive na ignorância financeira e desconhece modalidades de investimentos como títulos do Tesouro Direto, RDCs (Recibos de Depósito Cooperativo), ações da Bovespa e outros interessantes ativos financeiros que podem ser negociados a partir de sua própria casa, pela internet, com muita facilidade, segurança e ganhos bastante diferenciados.

6. Ganhar juros

Só subestima o importante poder multiplicador dos juros ganhos em boas aplicações financeiras quem não faz a conta certa dos juros compostos. Os juros mensais pagos nas várias modalidades de investimento disponíveis no Brasil podem até lhe parecer muito pequenos se observados para o horizonte de um único mês. Os 0,60% de rentabilidade mensal da Caderneta de Poupança, por exemplo, parecem mesmo incapazes de engordar seu capital... assim como diminutas gotas d'água parecem não ter a capacidade de fazer um balde transbordar. Mas, se você aplicar meros R$ 140 durante 45 anos — ou seja, ao longo de sua carreira profissional —, ao final desse período, os juros acumulados sobre juros da Caderneta de Poupança os terão transformado em R$ 100 mil (corrigidos para a época). E isso na Poupança, que é a mais conservadora das aplicações financeiras!

7. Comprar à vista

Dê um basta nessa história de fazer suas compras todas na base do carnezinho, do parcelamento, da pendura, da dívida. Bancos e financeiras adoram que você pense pobre assim porque vivem de alugar dinheiro para você (cobrando juros altíssimos!), mas seu bolso sofre. Junte antes e leve para casa quitado: esse aí será seu, ninguém tasca! Para isso, talvez você precise se planejar melhor: primeiramente, investigar direito qual é o verdadeiro menor preço de mercado daquilo que deseja adquirir. Depois, você irá distribuir o esforço poupador por um certo número de meses planejados e assim fatiar seu sonho de consumo em suaves prestações, até que tenha a grana pronta para levar pagando no ato. Com um pouco de organização você consegue, sim, não deixe ninguém lhe dizer que não!

8. Batalhar descontos

Se você acumulou uma reserva para ter dinheiro vivo em mãos visando a compra à vista, agora, brigue por um bom desconto e ele virá. Dinheiro na mão é poder de compra, então, faça valer o seu! Na hora de comprar, se tiver a grana pronta e a precaução de pesquisar e pechinchar, tomando o cuidado de não encanar com um produto específico, de uma loja ou marca específica, você sempre poderá encontrar um ótimo negócio pagando à vista e com desconto. Dê preferência, portanto, aos produtos genéricos, porém, de boa qualidade: uma calça preta de corte clássico, por exemplo. Pode ser desta ou daquela loja/marca, com este ou aquele tecido/corte... desde que lhe seja ofertada pelo menor preço à vista, com o maior desconto.

9. Aproveitar tudo

Se chegou até este passo dos *10 Mandamentos da Prosperidade* fazendo a coisa certa, está na hora de saborear suas conquistas. Dinheiro foi feito para gastar, e gastar comprando qualidade de vida! A vida é curta, passa rápido, e tem de ser bem aproveitada. Quem planeja e controla as finanças pessoais com responsabilidade consegue tomar decisões financeiras com maior tranquilidade, equilíbrio e chance de acerto. Na prática, consegue viver com maior intensidade no presente e também o fará no futuro. Isso porque o bom planejador é bom gestor de sua grana, mesmo que porventura tenha menos dinheiro, maneja-o com mais educação financeira, o que lhe permite realizar muito mais e, na prática, viver melhor. Tudo isso sem aquela pressão paranoica dos nossos tempos, totalmente evitável para quem sabe lidar direito com dinheiro, de ter de trabalhar até se matar para comprar uma vida confortável, segura e próspera.

10. Cultivar a gratidão

Você pode ser uma pessoa batalhadora — se está lendo este livro eu acredito mesmo que seja —, e gente com esse perfil conquista muita coisa boa nesta vida. Conheço — e admiro grandemente — vários *self made men* e *self made women* (homens e mulheres empreendedores), gente que conseguiu fazer muito partindo do pouco, porque soube complementar os recursos escassos com doses maciças de autodeterminação. Porém, não nos esqueçamos jamais de que não dá para ir para a frente sem a ajuda daqueles que nos amam, daqueles que querem — de verdade — o melhor para nós. Neste aspecto, eu lhe recomendo o que procuro fazer: cultive a gratidão para com essas pessoas. Não perca nenhuma oportunidade de valorizar sua ajuda e fazê-las saber como são importantes em sua vida. Conte a elas sempre como foram (ou ainda são) parte de sua trajetória de prosperidade. Isso as fará felizes e o sentimento de gratidão produzirá um bem enorme, atraindo coisa boa de todos os lados. Por fim — e acima de tudo! —, agradeça ao bom Deus que lhe deu o bem mais precioso que você poderá ter: a sua própria vida.

VIÁVEL?

Você poderá me dizer que a vida é imprevisível, com muitos contratempos, e que, por isso, pode ficar difícil seguir esses mandamentos todos. Sim, em casos raros, reconheço que as dificuldades podem acabar se tornando dominantes. No entanto, a força de vontade, quando existe para valer, costuma imperar. Fazer o que é certo e necessário sempre requereu do homem um bom tanto de esforço, desde que o mundo é mundo. Para os comodistas, é fácil pôr a culpa nas dificuldades do destino e jogar a toalha. Estes, infelizmente, fracassarão. Já os que colocarem sua autodeterminação acima de tudo, certamente colherão os louros da prosperidade duradoura. Vamos experimentar? Vamos prosperar?

 **VAMOS PROSPERAR!**

A fórmula da prosperidade duradoura é bastante simples, não contém segredos nem ingredientes mirabolantes, visto que está calcada somente em bons princípios e boas práticas financeiras. Os *10 Mandamentos da Prosperidade* são acessíveis a todos aqueles que desejam mudar sua mente econômica, parar de empobrecer e começar a enriquecer!

1
VALORIZAR O TRABALHO

A prosperidade duradoura nasce deste princípio sagrado: só o trabalho gera riqueza. Afinal, só o trabalho — tanto o trabalho dos seus braços quanto o labor da sua inteligência — é capaz de transformar recursos brutos em bens e serviços lapidados, coisas e experiências de valor, que agregam de forma positiva à qualidade da vida humana. Sem trabalho não há prosperidade duradoura para a humanidade como um todo, muito menos para um indivíduo específico. Esqueça esse raciocínio de que é o "esquema" — o "lance esperto", ou ainda os "amigos certos nos lugares certos" — o que vai lhe valer como fonte confiável de prosperidade nesta vida! Confie no seu trabalho honesto, dê o seu melhor na sua trajetória profissional, e os resultados financeiros virão. Eles sempre vêm! Em seguida, valorize o fruto do seu trabalho: seu dinheiro. Não foi nada fácil ganhá-lo e você tem de respeitá-lo e tratá-lo com dignidade a partir daí, certo?

Só o trabalho produz riqueza!

É ASSIM QUE FUNCIONA

"Só o trabalho produz riqueza." Essa frase é atribuída a Amador Aguiar, fundador e presidente por décadas do banco Bradesco. Com fama de trabalhador incansável, em apenas oito anos de trabalho árduo, ele transformou um pequeno banco regional no maior banco privado do país.

MÁGICA?

O senhor Aguiar foi um empreendedor com grande autoridade nos quesitos trabalho e dinheiro, e creio que podemos tomar este seu ensinamento como algo bastante verdadeiro. Acontece que boa parte das pessoas que presta alguma atenção à orientação de gurus financeiros espera ouvir deles uma fórmula mágica que lhes traga riqueza com pouco (ou nenhum) sacrifício. Sem dar trabalho e, de preferência, do dia para a noite.

ESQUEMAS...

Um outro fato a lamentar é que neste país, onde os escândalos de corrupção insistem em entupir as manchetes dos jornais, há muita gente boa que desanimada diante de tanta roubalheira, cansada de pagar impostos elevados e receber um retorno pífio do governo, acaba por se sentir tentada: "Ah, o trabalho não leva a nada! Se ao menos eu fizesse parte do esquema, se tivesse amigos influentes... minhas chances de prosperar seriam maiores."

ESQUEÇA!

Para a maioria de nós, reles mortais, gente honesta e batalhadora (eu me permito incluir-me nesse grupo), ganhar dinheiro (limpo) sempre implicará grandes somas de tempo e energia focados em nossa atividade profissional. Sendo assim, para começar com o pé direito, escolha uma área profissional com a qual você se identifique muito. Ganhar dinheiro só será genuinamente bom se você estiver fazendo — basicamente — aquilo que gosta.

DEDICAÇÃO = RECOMPENSA!

A partir daí, saia garimpando boas oportunidades de trabalho em sua área de afinidade profissional. Batalhe por aqueles empregos, equipes, empresas e projetos que lhe permitam verdadeiramente adicionar valor diferenciado através de seu trabalho... e receber algo justo em troca disso. Relacione-se com pessoas moralmente decentes, dedique-se, aprimore-se, persista e insista, e o dinheiro lhe virá na medida certa, em justa recompensa a seu esforço e sua dedicação. Pode confiar!

SEUS BRAÇOS *VERSUS* SEU DINHEIRO

Trabalhar é o começo (um ótimo começo!) de toda jornada de prosperidade. No entanto, hoje em dia, não basta você trabalhar para se dar financeiramente bem: é necessário saber poupar uma parte do fruto do seu trabalho, que você colocará para trabalhar também a favor da sua prosperidade. Economias bem aplicadas produzem juros, e juros se acumulam uns sobre os outros ao longo do tempo pelo princípio dos juros compostos, gerando riqueza pela acumulação em progressão geométrica dos frutos de seus bons investimentos.

 VAMOS PROSPERAR!

Só o trabalho produz riqueza! E isto vale para o esforço dos seus braços e da sua mente (é justamente aí que nasce a prosperidade), mas também vale para o seu dinheiro: trabalhe por ele, mas não pare por aí — ponha-o para trabalhar por você!

Você ganha tão pouco assim... ou só anda pensando pobre?

HERDEIRO?

Quando você era um bebê recém-nascido, ainda lá na maternidade, seus pais chegaram ao pé do seu ouvido e disseram: "Filho, nós te amamos e queremos lhe dar tudo do melhor. Sabemos que um dia precisará de uma casa para morar, por isso já a compramos e passamos a escritura para o seu nome. Ela ficará alugada por enquanto, mas já está reservada para você. Sim, e também um carro. Quer dizer, não compramos o carro, porque ficaria muito velho até você vir a usá-lo. Mas já reservamos o dinheiro para ele no banco. Aliás, lhe deixamos uma boa quantia aplicada, para rentabilizar e pagar suas contas."

POOOBRE!

Muito provavelmente não foi assim. Seus pais lhe deram todo o amor e carinho que podiam dar, mas, não sendo ricos, não lhe deixaram patrimônio imobiliário ou financeiro expressivo. Em outras palavras: você não nasceu rico. E muita gente toma precisamente este ponto de sua história pessoal, nada menos que sua gênese neste mundo, para embasar um raciocínio tristemente fatalista: "Nasci pobre. Portanto, pobre sou. Tenho sonhos importantes (casa, carro, uma grande viagem...). Mas, pobre como sou, jamais terei o dinheiro para concretizá-los, como fazem os ricos: pagando à vista. Ou simplesmente frustrarei esses sonhos (não!), ou terei de me endividar para tentar conquistá-los (nãããão!)."

POBRE DE MARRÉ

Há também outro jeito muito eficaz de pensar pobre: "Veja só meu salário! Ganho pouco demais! Com esta miséria não dá para viver a vida que eu quero (e a que tenho direito!). Então... bem... não há outro jeito: sou obrigado a fazer dívidas para complementar o salário. Afinal, sou pobre!"

"SOLUÇÃO"

Daí a pessoa ganha R$ 4 mil livres e diz que isso é muito pouco, que não dá (renda de pobre!). Justamente porque "não dá", decide contrair umas dividazinhas cujas parcelas somadas dão R$ 1.500. Destes R$ 1.500, cerca de R$ 1 mil são repagamento do valor tomado emprestado e nada menos que R$ 500 são juros puros, um dinheiro que a pessoa terá de entregar religiosamente ao banco, mas cujo benefício concreto em sua vida ela jamais irá experimentar. São R$ 500 de poder de compra do salário mensal que viraram pó com os juros das dívidas, mais de 10% dos salários pagos de dízimo ao banco todos os meses!

PELA CULATRA

Dos R$ 4 mil que a pessoa tinha de renda livre sobraram R$ 2.500. Daí ela chora ao se lembrar de quando ainda tinha R$ 4 mil soltos no bolso para fazer o que bem entendesse... Pensou pobre, desvalorizou os ganhos de seu trabalho e apelou para as dívidas como "solução"? Pois empobreceu ainda mais! Quer algo que dê mais certo do que essa "estratégia"? Trate seu "salário de pobre" com maior respeito: economize, aplique, junte, ganhe juros e, quando tiver a grana pronta, compre à vista e com desconto. Pense rico, valorize o trabalho e fuja das dívidas!

 VAMOS PROSPERAR!

Se você acredita que seus ganhos mensais são insuficientes, faça com que seu salário (ou o lucro apurado com seu negócio próprio) renda mais qualidade de vida. Opere esse "milagre" valendo-se do bom planejamento financeiro. Jamais pense em apelar para as dívidas para corrigir o problema porque elas simplesmente terão o efeito contrário, ou seja: irão achatar seu poder de compra!

Dê valor ao seu dinheiro, ao seu tempo e ao seu trabalho!

"TEMPO É DINHEIRO"

O ditado é malhado, mas irrefutável. Devemos lembrar que o inverso deste raciocínio é igualmente válido: dinheiro também é tempo. Manter essa verdade viva em sua mente irá ajudá-lo a tratar com mais dignidade seu dinheiro, bem como seu tempo e seu trabalho, o que representará um grande impacto positivo para sua qualidade de vida. Veja as contas a seguir:

SÓ UM MINUTINHO

Imaginemos um indivíduo que trabalhe duzentas horas mensais. Vamos dividir o ganho mensal dessa pessoa por duzentas horas para avaliar quanto, em dinheiro, equivale a uma hora de seu tempo. Digamos que seu salário seja de R$ 4 mil por mês. Dividindo esse valor por duzentas horas mensais, apuramos que cada hora de trabalho corresponde a R$ 20. Assim, cada minuto de sua vida dedicado ao trabalho leva para seu bolso a quantia de pouco mais de R$ 0,30. E já que dinheiro também é tempo, podemos afirmar que cada R$ 0,30 presentes no bolso desse indivíduo lhe custou um precioso minuto de sua existência — minuto dedicado ao trabalho, portanto, não disponível para o lazer ou para a boa vida. Enfim, um minuto "suado".

QUANTO VALE?

Ao desperdiçar o equivalente a um valor aparentemente desprezível de R$ 0,30 (meio pãozinho francês, do baratinho), essa pessoa estará esnobando um valiosíssimo minuto de sua vida. Quanto esse indivíduo não pagaria para ter esse mesmo minutinho de prorrogação (de vida saudável, é lógico) lá na reta final, deitado em seu leito de morte? Seguramente, bem mais que os míseros R$ 0,30, não é mesmo?!

ENTÃO VALORIZE, ORAS!

Da próxima vez que estiver prestes a fazer desaforo a qualquer quantia de dinheiro, comprando o que não precisa, gastando com bobagens, aumentando sua coleção de dívidas e pagando juros de forma mal planejada, pare, pense melhor e procure dar o devido valor ao dinheiro. Lembre-se de que dinheiro também é tempo — tempo de sua preciosa vida! Quem desperdiça dinheiro, na prática, desperdiça tempo de vida, o bem mais raro que possuímos. Quem desperdiça tempo desvaloriza seu trabalho, fruto dos braços fortes e da inteligência diferenciada com que foi agraciado. Mas o trabalho — somente o trabalho! — é a fonte de toda a riqueza gerada no mundo. Sendo assim, valorize seu tempo, seu trabalho e seu dinheiro!

APEGADO AO DINHEIRO?

Não estou sugerindo que você se apegue ao dinheiro. Não creio que alguém deva seguir o exemplo do Tio Patinhas para ser feliz. Mas fico tranquilo porque sei que a maioria das pessoas trabalha não com o objetivo maior de se tornar um multimilionário, mas para conquistar conforto e segurança para si e sua família, além de — naturalmente — poder concretizar seus principais sonhos de compra e consumo.

FOCO CORRETO

Uma vida material digna, gratificante e realizada é um direito (na realidade, até mesmo um dever!) de todos que trabalham e dão duro no dia a dia, independente de os ganhos proporcionados por seu trabalho serem maiores ou menores. Dar mais valor ao dinheiro deve se prestar justamente a esse nobre objetivo: usá-lo de maneira correta para viver bem, hoje, amanhã e depois, sem que para isso seja preciso se tornar um "dinheirista" (ou "dinheirólatra", tanto faz).

 VAMOS PROSPERAR!

Não desperdice um centavo sequer do seu dinheiro, não desperdice um minuto que seja da sua vida. Tempo e dinheiro são intercambiáveis (até certo ponto) e são os recursos mais valiosos que você tem a sua disposição para conquistar a prosperidade duradoura. Se você fizer desaforo a essas preciosidades, não poderá culpar ninguém pelo seu fracasso financeiro (ou por uma saúde financeira morna, o que é quase tão ruim quanto...).

Assumir riscos, mas com bom planejamento: a receita de trabalho dos ricos prósperos

SORTE?

Quem pensa pobre adora argumentar que a fonte da prosperidade dos mais abastados é uma só: a boa (e grande!) sorte. Afinal, é bastante cômodo acreditar que todo rico — ao contrário de mim ou de você — é um sortudo portador do chamado toque de Midas. Segundo a mitologia grega, Baco, o deus do vinho, ao retribuir um favor que lhe fizera o rei Midas da Frígia, concedeu a ele o dom de transformar em ouro tudo o que tocasse. Na visão do pensamento pobre, ricos são assim: os maiores sortudos da paróquia que transformam em ouro o que tocam.

NÃO!

Quero argumentar que tal visão sobre a incrível estrela dos mais ricos é distorcida e, para efeito prático, não ajuda ninguém a buscar sua própria prosperidade. Não vou aqui enaltecer os ricos em geral e dizer que são heróis e modelos da prosperidade. Até porque existem muitos ricos antiéticos e milionários sem nenhum valor moral. Vamos, em vez disso, nos concentrar nos ricos honestos, gente com um conjunto de valores positivos: esses são (e permanecem) ricos porque têm bons hábitos que os levaram à riqueza.

NOTÁVEIS!

Os ricos éticos, nos quais eu e você podemos nos inspirar, costumam seguir alguns padrões de comportamento que os ajudam a atrair e conservar a riqueza, e não só financeira. Um desses hábitos é: eles gostam de trabalhar, de empreender e — naturalmente — fazer dinheiro com isso. Os ricos imitáveis estão sempre buscando formas não convencionais de empreender. Por exemplo: em vez de se contentar em atuar como um dentista autônomo de sucesso (o que já não é pouca coisa), o cara com mente rica costuma preferir se tornar proprietário de uma clínica odontológica.

INVENTORES DE NEGÓCIOS

Ricos dinâmicos adoram bolar produtos, marcas e novos conceitos, bem como desenvolver processos produtivos e comerciais, para daí contratar gente, formar equipes, colocá-las para trabalhar e, se der certo (pois sempre há muito risco envolvido na atividade de empreender), ganhar dinheiro. Sim, ganhar muito dinheiro, inclusive em cima do trabalho dos outros. E isso não é condenável, pois estão gerando empregos e colaborando para o desenvolvimento da economia nacional. No Brasil, são quase 100 milhões de trabalhadores cuja ocupação é gerada lá nos negócios dos ricos.

LET'S MAKE MONEY, HONEY!

Reconheço: ricos prósperos na essência, aqueles ricos portadores da prosperidade duradoura que todos cobiçamos, gostam de fazer dinheiro. Ricos adoram se dedicar a empreendimentos com retornos financeiros elevados. Mas os ricos sabem que multiplicar o poder de compra de seu dinheiro de forma acentuada não é algo trivial; esse não é um feito que se consiga com um simples toque mágico. Ricos conscientes sabem que para ganhar bem terão de expor seu capital a risco. Como conciliar o risco dos negócios com a inapetência para perder e o desejo de ganhar bem?

MIDAS OU PEDRO?

Aí é que está o verdadeiro segredo multiplicador de riqueza dos ricos de verdade: não está no toque de Midas, mas nas redes de Pedro. Assim como o astuto apóstolo de Jesus, os ricos espertos sabem que têm de lançar sua rede ao mar com fé, senão, peixe, que é bom, não vem! Pode até não dar certo (ricos, eventualmente, também perdem dinheiro em negócios sem futuro), mas, em geral, os ricos empreendedores corajosos colhem até mais peixes do que seu barquinho pode comportar. Desde que joguem a rede para o lado certo, na hora certa, ou seja, desde que empreendam de forma planejada.

OTIMISTAS CAUTELOSOS

Os ricos admiráveis jamais têm medo de empreender. Quando empreendem pensam muito positivo e, invariavelmente, se planejam de forma adequada. Acreditam sempre que vai dar certo, muito certo, mas, por outro lado, têm o pé no chão e costumam estudar cuidadosamente seus grandes aportes, o que será comprometido, quando e como o será e de onde virá o retorno almejado.

BICÉFALOS

É como se os ricos tivessem duas cabeças para a atividade de empreender: uma cabeça arrojada na hora de apostar suas fichas e buscar lucros e outra conservadora, para minimizar riscos e evitar perdas. Combinação rara, mas boa parte dos ricos a tem. Que tal seguir o exemplo de quem entende do riscado e buscar enriquecer desse jeito aí?

 VAMOS PROSPERAR!

Os ricos têm mais dinheiro do que os pobres, este é um inegável fato matemático. Mas só se manterão ricos e prósperos aqueles abastados que também souberem pensar rico na hora de trabalhar, assumindo riscos planejados e agindo de forma conservadora para evitar perdas. Esta é a receita de trabalho dos ricos, muito indicada também para os não ricos que, assim como você, desejam prosperar: trabalho calcado menos na sorte e mais na inteligência financeira!

Um domingo no parque:
pegue suas fichas... e seja feliz!

UM DIA NAS NUVENS

Imagine a seguinte situação: por ter mostrado bom comportamento e cumprido plenamente com todas as suas responsabilidades infantis, um grupo de crianças ganhou o direito a um domingo no parque repleto de atrações e brincadeiras. Para desfrutá-las, cada criança recebeu a mesma quantidade de fichas para gastar. Na certa, todos os pequenos serão felizes nesse dia, pois todos são merecedores... Tem certeza?

VERBA

Para seu dia especial, cada criança recebe cem fichas. As atrações custam entre três e dez fichas cada e devem sobrar fichas para o lanche. Uma linda menininha de tranças, bastante afoita, pula na primeira atração logo ao entrar no parque que custa dez fichas, mas isto não a preocupa: ela quer aproveitar suas fichas ao máximo, e rápido. Afinal, o mundo pode acabar antes que esse maravilhoso dia chegue ao fim. O grande *outdoor* na entrada do parque parece referendar seu raciocínio imediatista: "Venha curtir a vida no parque. A vida é aqui. A vida é agora!"

DESCONTROLE

A atração é realmente empolgante e a graciosa menina, ao terminar cada volta, logo se põe na fila do brinquedo para repetir a dose. Alguns a invejam: "Puxa, essa aí sabe se divertir!" E assim vai até que após dez voltas — uma hora depois —, suas fichas se esgotaram. Ela irá passar o restante do dia choramingando, vendo as demais crianças se divertirem. E o pior: com fome, sem fichas sequer para o lanche. Ela não merecia isso... mas é o que escolheu diante de suas possibilidades.

APEGO

Já um certo menino, meio carrancudo, faz diferente. Ele tem medo de sair gastando suas fichas. Não foi nada fácil ganhá-las e ele não tem certeza se ganhará outras. O temor de perdê-las o paralisa. Apesar do apelo dos colegas para curtirem juntos, ele se nega a gastar suas ricas fichinhas e se vangloria: "Tenho juízo, vocês não têm!" Termina o dia, e lá está ele, jogado em um canto, lamentando o dia sem graça que teve, frustrado porque o parque vai fechar e suas fichas já não contam mais... Bem, ele não merecia isso, mas foi fruto de suas escolhas diante de suas possibilidades.

FELICIDADE

Um meninote esperto e alegre observa esses dois. Ele logo separa as fichas do lanche e vai dar uma volta geral pelo parque, analisando atrações e valores. Sabendo que não haverá tempo nem fichas suficientes para tudo, traça um plano para focar nos brinquedos que realmente compensam. E, assim, passa o dia divertindo-se aqui e ali. Quando soa o apito de fechamento do parque, o gurizinho está feliz, satisfeito da vida, pois aproveitou tudo da melhor forma. Ele merecia... e fez valer seu merecimento.

PUERIL METÁFORA

Qualquer semelhança com a vida real não é mera coincidência. As crianças sortudas são todos aqueles que trabalham para ganhar dinheiro e conquistar a felicidade com o fruto de seu sagrado suor. Até aí, todas elas estavam certas e alinhadas (afinal, as crianças arredias e preguiçosas nem chegaram ao parque). Agora... quanto a você, como pretende empregar suas "verbas no parque"?

SABEDORIA

Não foi nada fácil conquistar suas fichas. Agora, você vai desperdiçá-las sem parar para pensar, como se o mundo fosse acabar, sabendo que não vai? (E se acabar mesmo, não fará a menor diferença.) Ou, talvez, ficará apegado e fará suas escolhas como se "as fichas" (seus merecidos ganhos) fossem o foco, ignorando que a vida — não o dinheiro — é o que realmente interessa? Quanto a mim, só peço a Deus a sabedoria do garotinho alegre. Valorizo meu trabalho, valorizo meu dinheiro, e penso que, se bem empregado, ele pode ser uma sólida ponte para minha prosperidade duradoura.

VAMOS PROSPERAR!

Trabalhe, faça por merecer, ganhe o que é justo pelo valor que você agrega à vida das pessoas, pelo quanto seu trabalho faz do mundo um lugar melhor para todos. A partir daí, cuide para somente tomar decisões sensatas no tocante a seus gastos, suas dívidas e seus investimentos. Só assim você poderá fazer valer à plenitude seu direito de ser feliz com os frutos do seu esforço. Você merece... mas se não souber correr atrás, vai ficar sem!

2
GASTAR BEM

O mau gastador se rende facilmente — e irresponsavelmente — aos apelos da propaganda e da pressão social de consumo, e assim desperdiça seu poder de compra em besteiras. Quem gasta mal, despacha dinheiro bom para longe e adquire pouca qualidade de vida em troca. Torra tudo o que ganha ou até mais do que tem... e, justamente por isso, acaba tendo de recorrer às dívidas mal planejadas. O bom gastador, por outro lado, conhece suas verdadeiras prioridades e suas reais possibilidades financeiras. Por conta disso, garantirá que cada centavo de seu dinheiro retornará em forma de algo verdadeiramente bom e se afastará das dívidas imprudentes e mal planejadas. Dinheiro foi feito para gastar: o que está em jogo é se você gastará seu dinheiro para empobrecer ou enriquecer sua vida!

Sustentabilidade financeira: conquiste a sua com gastos mais econômicos!

PRESENTE DIVINO

A natureza com que o bom Deus nos presenteou é riquíssima, tem inestimável valor. No entanto, do ponto de vista dos seres humanos, trata-se de um valor essencialmente latente, passivo. Sozinha, a natureza não provê as condições necessárias e suficientes para a vida humana com elevados níveis de saciedade, conforto e segurança. A riqueza latente da natureza precisa ser trabalhada para se converter em riqueza efetiva para nós. Do contrário, não nos agrega todo o seu potencial enriquecedor.

TRABALHO

Os minerais têm de ser extraídos do solo e processados. Os campos têm de ser cultivados com lavoura e criação. Os mares e rios precisam ser bem manejados e explorados. E tudo o que se produz tem de ser comercializado e transportado até as mãos do consumidor. Somente o trabalho pode transformar o valor latente da natureza em valor dinâmico, um valor que é ainda maior e melhor, um valor agregado que impacta de fato a qualidade de vida de indivíduos, famílias e de toda a sociedade.

VALOR AMPLIFICADO

Somente o trabalho produz valor agregado. Daí convém lembrar que, em uma economia capitalista, o trabalho é conversível em dinheiro. A medida exata do valor agregado em cada porção de um certo tipo de trabalho pode ser convertida em moedas, que então serão trocadas no mercado por outras medidas de valor agregado de um outro tipo de trabalho. Esta liberdade de troca de valores agregados é a beleza do sistema capitalista. Desde que ela seja praticada de maneira sustentável.

SUSTENTABILIDADE FINANCEIRA

Para se apossar de porções de valor agregado fruto do trabalho alheio, é preciso dispor de dinheiro. Para poder acessar mais valor com o mesmo dinheiro, a grana tem de ser usada de forma inteligente e sustentável. O uso bem planejado dos recursos financeiros disponíveis garante o crescimento e o desenvolvimento sustentável da nossa vida neste planeta. Isto vale tanto para a vida organizacional de uma pessoa jurídica, quanto para a vida particular de pessoas físicas.

GASTOS MAIS ECONÔMICOS

Sustentabilidade financeira começa com gastos mais econômicos. Comida que vai para o lixo (ou engorda demais)? Água e energia que vão para o ralo no banho muito demorado? Bens que quase não se usam? Serviços mal-aproveitados, como o papo-furado ao celular? Tudo isso custa dinheiro que não agrega valor. Livre-se desses maus hábitos e ganhe sustentabilidade financeira.

É FÁCIL... E RENDE!

Imagine um pãozinho de R$ 0,50. A gente costuma comprar mais do que precisa e depois joga fora. Ao economizar um simples pãozinho, serão R$ 0,50 a mais no bolso todos os dias, R$ 15 por mês e R$ 180 em um ano. Grana suficiente para pagar uma bela churrascaria para a família. Imagine o quanto você pode poupar se economizar no consumo de água, energia elétrica e em outras partes do orçamento em que o dinheiro vai para o lixo, ou pelo ralo? Não vale a pena planejar estes gastos e depois controlá-los no dia a dia para conferir se estão se mantendo dentro do planejado? Com um pequeno esforço de boa organização de seus gastos você alcançará uma grande melhoria na sua sustentabilidade financeira.

 VAMOS PROSPERAR!

Sustentabilidade é a palavra de ordem nos tempos atuais. A ecologia pede, mas seu bolso também: conquiste sustentabilidade — e prosperidade duradoura — buscando ter gastos mais econômicos!

Quer extrair o melhor do seu dinheiro? Duas palavras de ordem: planejar e controlar!

A DEUS PERTENCE!

"A vida muda muito, há sempre a intromissão do imponderável em seu destino. Então... planejar para que, se a gente nunca sabe o que vai acontecer? Amanhã poderei não estar mais aqui." Pois é, eu ainda ouço gente esclarecida usando esse tipo de argumento para simplesmente não fazer planejamento financeiro. Pior: "E esse negócio de controlar, então? Vou viver me controlando, me regulando? Eu não, quero liberdade, não quero amarras, essa chatice de controlar tudo!" Sim, eu ouço muita gente descartando o bom controle financeiro de forma libertária, mas irresponsável.

IMPREVISÍVEL

Imagine-se agora em uma viagem de carro. É noite, você se encontra numa estrada sem muito movimento, está chovendo. Observando as placas de trânsito, você toma ciência de que, em condições normais, poderia dirigir ali a 120km/h. Com chuva, só são permitidos 90km/h. Assim, claro, você desacelera um pouco. Logo à frente, haverá uma curva fechada à direita em um trecho de declive. Quem entrar embalado a

90km/h, velocidade de cruzeiro do atual retão, certamente fará capotar o seu carro. Mas... você ainda não está vendo a curva, não sabe nada do que virá pela frente.

NÃO PLANEJAR?!

Numa situação como essa, você só poderá ser salvo pelas placas sinalizadoras que encontrar ao longo da estrada. A próxima sugere baixar para 60km/h. Logo, outra já lhe dá ciência da curva em declive à direita, e outra ainda lhe indica a redução da velocidade a 40km/h. Daí você segue as instruções e faz a curva numa boa. Que sorte, né? Sorte nada! Essa história só teve um final feliz porque um engenheiro de tráfego foi na sua frente e planejou tudinho. E aí: vai mesmo dispensar o planejamento?

NÃO CONTROLAR?!

Então você vai comprar um carro zero e, depois de praticamente acertado o preço, propõe ao vendedor: "Bem, desse preço aí, faz o seguinte: me dá mais R$ 200 de desconto e pode tirar o velocímetro do painel." O vendedor explica que não pode fazê-lo e, mesmo se pudesse, não faria. Afinal, você precisa controlar sua velocidade para saber a quantas anda. "Não, sou um motorista experiente, sei quando estou correndo demais, não preciso de um velocímetro para me controlar." Ah, tá bom, então...

PLANEJAR E CONTROLAR, SIM!

Planeje seus gastos, suas contas e suas compras, coloque suas melhores intenções (e possibilidades imaginadas) de despesas no papel. A conta não fecha? Faça fechar, pelo menos na teoria deste primeiro planejamento. Daí, anote suas despesas efetivas do dia a dia e confira com o que havia planejado. Não bateu? Mude seu comportamento de compra e consumo para fazer bater, vivendo da melhor forma possível, mas sempre dentro de suas possibilidades. Sem neuras de ficar caçando centavos, mas com responsabilidade. Garanto: seu bolso não correrá o risco de "capotar"!

 VAMOS PROSPERAR!

Jamais deixe de planejar sua vida financeira sob o argumento de que a vida muda muito. E jamais deixe de controlar o uso do seu dinheiro alegando que isso é chato e trabalhoso. Primeiro, planejar: parar para pensar no que irá fazer com a grana antes de fazer. Depois, controlar: conferir se na prática você se manteve próximo do planejado. Do contrário, volte à primeira casa e tente com mais afinco na próxima rodada!

O mão de vaca, o esbanjador, o desapegado e o econômico

ECONOMISTA DE BERÇO?

Tem gente que já nasceu com o dom de se planejar e se autocontrolar, inclusive nas finanças pessoais. Mas, às vezes, as aparências enganam e o que é propagandeado como virtude pode acabar se revelando um desvio do comportamento saudável. Mais para defeito do que para qualidade. Assim, vale aqui um rápido exercício de autoanálise.

QUEM SOIS VÓS?

Recentemente, conduzi uma dinâmica em um curso de finanças pessoais cujo objetivo era identificar quais comportamentos as pessoas associam com 1) apego ao dinheiro *versus* 2) liberalidade excessiva no uso da grana. Curiosamente, as conclusões finais apontaram para o seguinte: 1) o mão de vaca é todo aquele que não gasta dinheiro com as coisas que você certamente gastaria; e 2) o esbanjador é o que gasta com tudo o que você não gastaria! Busquemos, então, uma conceituação mais objetiva.

O MÃO DE VACA

Miserável, unha de fome, seu Nonô: as pechas atribuídas a este perfil de consumidor não são nada elogiosas. Não é para menos: o mão de vaca legítimo tem dó de gastar. E não é com isto ou aquilo, é dó de simplesmente gastar, seja com o que for. Para este tipo, desembolsar é um mal que jamais será compensado por nenhuma vantagem (ou necessidade) que possa vir a ser satisfeita. Triste.

O ESBANJADOR

Este aqui é o oposto: para ele, gastar é um dever. Se não tem, compra, oras! E compra logo dois! Se já tem... compra mais, uma hora acabará usando. O esbanjador arremata o dobro e usa a metade. O perdulário legítimo sente peculiar prazer em ver o dinheiro saindo da carteira ou da conta bancária. Normalmente, ou ganha fácil, ou rouba... ou é trouxa mesmo. E, bem... há de morrer pobre!

O DESAPEGADO

O nome indica: este aqui não liga para dinheiro. É como se a grana não existisse: ele não quer saber, não se envolve com questões financeiras, não gosta de fazer compras nem de fazer contas. Em geral, ao lado do desapegado, sempre há um responsável que cuida do bolso (a mulher, o marido, o pai ou um bom amigo). O desapegado não sacou que a gente vive numa economia capitalista em que o dinheiro não é um "opcional", mas uma dimensão da vida que deve ser conhecida e dominada.

O ECONÔMICO

Este aqui ganha suado e sabe dar valor ao dinheiro: só compra se quer ou precisa e faz conta para tudo. Poupa, aplica, ganha juros, compra à vista e com desconto (de segunda mão, se atender às necessidades/expectativas). Sensato, não fica escravo do trabalho ou das dívidas, normalmente, conquista tudo o que quer e ainda tem de sobra para ajudar os outros. Um iluminado pela boa luz do ouro.

VOCÊ

É comum a gente ter lampejos desse ou daquele traço como consumidor, mas a questão é: qual perfil você acredita ser dominante em sua vida financeira? Eu, aqui, de dedos cruzados... econômicooo!

VAMOS PROSPERAR!

Nem tanto ao céu, nem tanto ao mar: buscar equilíbrio em sua vida financeira é fundamental para ser feliz com seu dinheiro. Como consumidor, não segure demais a grana, mas também não a solte fácil demais. Tampouco tente fazer de conta que ela não existe, para ver se funciona (não funciona!): seja, simplesmente, econômico e trate com responsabilidade seu poder de compra de qualidade de vida!

Econômicos ou miseráveis?
Chame-nos como quiser...

COERÊNCIA

Eu gosto de dizer que, lá em casa, o espeto do ferreiro é de ferro mesmo, não de pau. De fato, tudo o que prego como educador financeiro são atitudes que adotamos em nossa vida prática. É isso que, acima de tudo, me dá autoridade para tecer minhas recomendações. Há gente que diria que eu e minha família somos mãos de vaca. Outros diriam: econômicos. Tire você suas próprias conclusões.

GELADEIRA E DESPENSA ENXUTAS

Comida lá em casa não vai para o lixo, não: o feijão que sobra ganha farinha e vira tutu, o bife passado vira picadinho. Compramos o peito de peru fatiado só da melhor marca, mas com casca, porque o quilo sai R$ 15 mais barato e depois é só retirar com os dedos. Dá um pouco de trabalho, mas não cai a mão e a perda é mínima. A feira é feita às 11h30: a laranja ainda não está amassada, mas o preço já caiu R$ 1 por bacia. Não temos verba para esbanjar com comida.

ROUPA SUJA SE LAVA EM CASA

Somos dois adultos e duas crianças num apartamento de classe média, mas não temos empregada. Faxineira? Uma vez por semana. E olhe lá! Mas temos duas lavadoras/secadoras "gêmeas", uma ao lado da outra, para facilitar (sim, foram escolhidas a dedo pelo menor consumo). As roupas são dobradas ainda quentinhas, saindo das secadoras, para não precisar passar. O que não der, passamos em casa mesmo. Nada de lavandeira: pode ser prático e ficar bonito, mas não temos verba.

NO ESCURINHO DO CINEMA

Gostamos de ir ao cinema com as crianças. Assim, temos sempre o cuidado de escolher aquela rede que nos dá desconto de 50% se comprarmos o ingresso com cartão de crédito de uma bandeira específica — justamente a do nosso cartão. Não temos verba para comprar pipoca e refrigerante no cinema, o preço é absurdo. A pipoca a gente estoura no microondas pouco antes de sair de casa e leva na bolsa, junto com quatro práticas caixinhas de suco que compramos no atacado.

VOILÀ, PARIS!

Daí os amigos nos ouvem dizer que passaremos o mês de dezembro na Europa. As quatro passagens aéreas foram compradas com milhas acumuladas do cartão. Os almoços serão caprichados, mas cafés da manhã e jantares serão lanches feitos no quarto do hotel com itens comprados no mercadinho ao lado (incluindo baguetes crocantes, queijo brie e presunto parma). De um lado, vendo nossas economias, o sujeito critica: "Mãos de vaca!" Mas quando fica sabendo que passaremos o Natal em Paris, brada, com o dedo em riste: "Esbanjadores!" Vá entender...

VAMOS PROSPERAR!

Seja econômico por autodeterminação: não deixe que a visão preconceituosa de outros o impeça de vigiar seus gastos e dar o devido valor ao seu dinheiro. A grana é sua, ninguém tem nada a ver com a forma como você a emprega... a não ser sua própria qualidade de vida!

Gastos seletivamente extravagantes? Tudo bem, é até saudável!

DESLIZES

Ainda outro dia, recebi a consulta de uma jovem senhora, muito boa geradora de renda, mas preocupada com seus gastos, talvez excessivos, na visão dela. Em suas próprias palavras: "De vez em quando, parece que me dá uma coisa, aí faço uma extravagância, como jantar em um restaurante muito caro, comprar aquela bolsa de grife que custa o preço de uma viagem ou presentear uma amiga com uma roupa de R$ 500. Como eu faço para evitar estas escorregadas nos meus gastos pessoais?"

ERRADO?

Como sou planejador financeiro, muita gente imagina que minha opinião relativa a gastos seja: "quanto menos, melhor". Puro preconceito. Analisando melhor as demais despesas desta senhora, mostrei-lhe que talvez ela não precisasse se controlar mais do que já o fazia na prática. Pelo que observei de seus demais gastos, no dia a dia, ela já era uma consumidora até que bem controlada. Mas gostava, de vez em quando, de fazer uma ou outra compra mais caprichada ou um gasto mais elevado.

DOSAGEM

É fato que, para o bem de seu equilíbrio financeiro, convém prezar pela simplicidade e frugalidade, pelo comedimento e ponderação em seus gastos, planejando-os com juízo e controlando-os de perto. Mas isto não precisa — nem deve! — ser uma obsessão. Quanto às eventuais extravagâncias em seu padrão de consumo, se você fizer um uso seletivo e bem planejado de tais extravagâncias, elas não o levarão para o buraco e poderão muito bem lhe proporcionar momentos de prazer diferenciado.

TOQUES DE PIMENTA NO BOLSO

O que há de errado em jantar num restaurante fino? Se for de vez em quando, é um luxo que qualquer pessoa de classe média pode se dar. Comprar uma bolsa que custa o preço de uma viagem? Eu, particularmente, não o faria, mas lhe reservo, tranquilamente, o direito de fazê-lo, se for para curtir e usar bem. Desde que, lógico, você não resolva fazer uma coleção de bolsas de grife para deixá-las mofando no armário. Caro é aquilo que a gente compra e depois não usa.

GENEROSIDADE

Quanto a dar um presente de R$ 500 para uma amiga... se não tiver de entrar no cheque especial ou no limite do rotativo do cartão de crédito, que mal há nisso? Dinheiro foi feito para gastar, consigo mesmo e com quem se quer bem. Desde que você não saia por aí rasgando notas de cem, ser seletivamente extravagante em suas compras e seus gastos pode ser divertido, sem traumas para o bolso.

VAMOS PROSPERAR!

Ser econômico não significa riscar da sua lista de compras e gastos tudo o que é bom. Pelo contrário: economizar é uma ótima providência para garantir maior acesso a tudo o que é bom, inclusive ao que é excelente, até mesmo ao que é superlativo. Desde que realizados com planejamento e bom senso, mesmo os gastos tidos como extravagantes podem caber no seu orçamento. E o sabor que eles têm, hein?

Acha que está baratinho de dar dó? Desconfie: da qualidade... ou do seu raciocínio!

HUM...

Muitos ainda pensam assim: Se o preço de determinada coisa é baixo, está barato, pode-se/deve-se comprar; mas se o preço for mais alto, está caro, não se deve levar. Na prática, esse é mais um jeito de se pensar pobre. Tal raciocínio financeiro distorcido pode atrapalhar as boas compras, impedindo você de maximizar a qualidade de vida que poderia adquirir com seu dinheiro.

CRITÉRIO

Existem diferentes caminhos para definir se determinado produto ou serviço está caro ou barato. Esta é uma questão, por natureza, muito subjetiva. É aquela história: caro para mim pode ser barato para você, e vice-versa. Então, quero propor um critério mais equilibrado, que se ajusta às possibilidades de cada um e, por isso mesmo, pode ser útil para todos: trata-se do critério de quantas horas você terá que trabalhar para custear determinada compra ou para cobrir determinado gasto.

NA PONTA DO LÁPIS

Se uma pessoa ganha, digamos, R$ 4 mil líquidos de impostos por mês e trabalha dez horas por dia (incluindo-se aí o tempo de deslocamento até o trabalho), serão duzentas horas mensais empatadas em sua atividade profissional: os vinte dias úteis do mês multiplicados por dez horas trabalhadas a cada dia. Dividindo os R$ 4 mil por duzentas horas trabalhadas no mês, chegamos à conclusão de que a hora de trabalho deste profissional vale R$ 20. Parece pouco, não? Bem, esta é sua realidade financeira.

BARATINHO, É?

Para pagar aquele almocinho básico perto do trabalho, gastando R$ 20 por refeição, a pessoa sabe que precisará trabalhar uma hora inteirinha. Isso deve lhe parecer barato ou... caro? Alguém diria: "Não é caro, não, pense na praticidade e na variedade do bufê." Bem, o dinheiro é seu, a avaliação é sua, mas uma hora inteira do seu trabalho — em minha modesta opinião — não é pouca coisa, não.

SEU TESOURO!

Se quiser comprar uma calça de R$ 200, a pessoa que ganha esses R$ 4 mil por mês terá que labutar nada menos que dez horas (um dia inteiro de trabalho!). Mas, alguns pensam assim: "Se for uma calça de grife, por esse preço, até que está barata!" No entanto, eu lhe pergunto: vale a pena o sacrifício de trabalhar as dez horas inteiras só pela calça? E aquela bolsa de grife que custa R$ 800? O indivíduo terá de trabalhar quarenta horas, ou seja, quatro dias inteirinhos (passando a pão e água!) só para pagar a tal bolsa! Barato? Pois antes de fixar em um produto a etiqueta de caro ou barato, pense no seu trabalho.

E saiba dar o devido valor a seu "precioso tesouro". Se você não fizer, ninguém mais irá fazê-lo.

VAMOS PROSPERAR!

Você não é "baratinho" e seu tempo não é "baratinho". Lembre-se de que é com tempo dedicado ao trabalho que você defende seus ganhos e conquista seu poder de compra. Antes que alguém lhe diga que algo está "baratinho", faça atribuírem maior valor ao seu tempo e ao seu trabalho... a começar por você mesmo!

"Liquidação? oba, não posso perder!" Cuidado: acaba de ser ativado o efeito manada!

AÍ SIM, HEIN?!

A maior parte dos consumidores costuma se empolgar com as promoções e liquidações em geral, mas nem sempre elas apresentam vantagens reais para quem nelas embarca. Acreditar que uma liquidação opera milagres sobre os preços é só mais uma daquelas terríveis maneiras de pensar pobre!

TUDO JUNTO AO MESMO TEMPO

Na psicologia do consumo, existe um fenômeno conhecido por efeito manada que explica a estratégia por trás das liquidações no comércio. Vamos imaginar que estamos em um safári no interior do continente africano. Estão todos lá, os animais característicos da região: zebras, girafas, elefantes... De repente, começa a se notar o agito de alguns animais correndo em bando, meio sem sentido, como se estivessem fugindo de algo ou buscando alguma coisa, sem ficar bem claro o quê. Em poucos minutos são dezenas e centenas de animais correndo juntos freneticamente.

DEBANDADA GERAL

Você avista aquela multidão (neste caso, de animais) correndo em pânico e não consegue entender exatamente o porquê, já que não se avista nenhum leão feroz no encalço desse bando de desesperados; também não se vê nenhuma presa apetitosa na frente deles, em busca da qual todos pudessem estar se atirando. Por que, então, todos correm loucamente, e todos na mesma direção?

POBRES ANIMAIS

Não existe uma explicação racional para o efeito manada. Afinal, estamos falando aqui de seres eminentemente irracionais, certo? Cada bicho acaba entrando na correria só porque todos os demais estão fazendo a mesma coisa e seu instinto animal o impele a fazer igual. Sendo assim, imagine: se ao menos um deles fosse dotado de discernimento e percebesse que todos estavam correndo rumo a um precipício, o dono do "olho em terra de cego" embarcaria nessa? Óbvio que não!

NÓS, ESSES HUMANOS

Boa parte dos consumidores sai comprando adoidado nas liquidações apenas porque... todos os outros parecem estar comprando, oras! A pessoa se contagia com aquela euforia toda, tanta gente pegando os produtos, escolhendo, virando do avesso, fuçando e cavando para encontrar uma peça de roupa do seu número ou um sapato da sua cor preferida. Na pressa, acaba comprando o que talvez nem vá lhe servir, talvez nem vá lhe agradar quando chegar em casa. Muita calma nessa hora: forme sempre uma boa noção de preços, compare e só compre o que quiser e precisar, quando quiser e precisar.

VAMOS PROSPERAR!

O que é bom "para todo o mundo", pode não ser bom para você. Esse costuma ser o caso das liquidações: evite comportar-se como uma típica maria vai com as outras do consumismo dominante nestes nossos dias. Seja mais cabeça-feita e seu bolso está feito!

"Sou econômico, só compro do baratinho."
Está na hora de rever seus conceitos...

BARATO?

Dentre as várias maneiras de se pensar pobre, talvez uma das mais tristes seja a seguinte: "Sou pobre, não ganho muita coisa. Por isso, tenho que comprar produtos baratinhos. Não posso ficar comprando coisa cara, por melhor que seja a qualidade do bem em questão. Coisa boa é só para rico!"

CARO?

Como saber se um produto pode mesmo ser considerado caro (ou barato) para você? Um critério bastante útil é verificar se ele pesará mais (ou menos) em seu orçamento pessoal. O que irá determinar esse peso não será apenas o valor absoluto do que você irá comprar mas, sobretudo, quantas vezes você vai acabar usando aquilo que comprou, ou seja, quantas vezes irá, efetivamente, usufruir daquilo que adquiriu. Isso é o que interessa ao fazermos a "conta certa" do que é caro ou barato para seu bolso.

APELO DE PREÇO BAIXO

O verdadeiro custo de uma mercadoria para você pode ser obtido dividindo-se o valor do bem comprado pelo número de vezes que ele será utilizado, produzindo benefício para você, agregando algo para sua qualidade de vida. Um exemplo: vamos imaginar que você se interesse por um casaco de lã (de inverno), ao preço de R$ 150. Trata-se de um casaco mais para o "baratinho", tipo preço "bom". Antes de comprá-lo pelo apelo do preço (considerando que você não é rico), use "o lápis".

COMPARANDO

Na loja ao lado, você encontra outro casaco bem mais caro: R$ 400. Porém, é de corte mais clássico, confecção melhor, cor curinga, daquelas que combinam com tudo. Enfim, um casaco que terá vida longa em seu guarda-roupa. Já o anterior, é artigo de "modinha", a lã não é lá essas coisas, para não falar da costura, um tanto fraquinha... Se durar um inverno inteiro já será muito.

CONTA POR USO

Vamos imaginar que você usará esse casaco "baratinho" de R$ 150 uma dezena de vezes: dividindo o valor de R$ 150 por dez vezes de uso, vemos que ele lhe custará, na prática, R$ 15 a cada vez que sair do seu guarda-roupa e for, efetivamente, usufruído.

SURPRESA!

Vejamos agora o casaco mais caro, de R$ 400. Por ser de melhor qualidade, digamos que você consiga usá-lo quatro vezes mais, umas quarenta vezes no total. Dividindo o valor do casaco mais caro e bem melhor de R$ 400 por quarenta vezes de uso, vemos que, a cada uso, ele custará, na ponta do lápis, R$ 10, portanto, um terço a menos que o outro casaco que aparentava ser o mais baratinho, o mais "acessível"!

VAMOS PROSPERAR!

Sabe o barato que sai caro? Pois é, ele existe aos montes. E você deve apurar seu faro de consumidor para saber identificá-lo e fugir da roubada das porcarias baratinhas. Lembre-se: você foi criado para viver no paraíso, e lá só tinha do bom... Vamos voltar aos primórdios?!

"Gosto de tudo que é do bom e do melhor.
Para mim, só está valendo se for top!"

THE BEST!

Você gosta do que é bom, certo? Eu também. Os mais de 6 bilhões de indivíduos do mundo todo gostam do que é bom. E isso não é culpa nossa. Lembre-se de que fomos criados para viver no Paraíso, onde só tinha do bom e do melhor. Portanto, está no DNA de todo ser humano gostar do que é bom. E isso desde que somos bem pequeninos, hein? Mamadeira fria? Nenê faz beicinho!

DISPARATE

Na busca pelo melhor, há um pequeno empecilho: normalmente, o que é bom custa mais. Vá lá, é justo pagar um pouco mais caro pela coisa (ou experiência) de melhor qualidade. O problema é que, aqui no Brasil, o que é *um pouco* melhor costuma custar *muito* mais caro. Se você vai a um restaurante honesto, paga o valor Y. Se quiser um restaurante bom de verdade, pagará, pelo menos, 3 × Y. O carro zero popular, completinho, custa R$ 30 mil. A SUV completona? Pois é... 4 × R$ 30 mil = R$ 120 mil. Em nenhuma outra grande economia do globo o adicional pedido no item diferenciado é tão elevado.

TUDO ILUSÃO!

Daí você vai à loja de eletroeletrônicos e vê um smartphone top de linha. É uma tentação viver antenado e levar para casa simplesmente o que há de mais evoluído. Acontece que, mesmo que você esteja disposto a pagar o gordo valor pedido, estará comprando um produto ultrapassado. Quando um item de tecnologia é lançado no mercado, seu sucessor já foi concebido e até sua campanha de lançamento talvez já esteja pronta e só aguardando para ser apresentada. A esta altura do campeonato, até mesmo o sucessor do sucessor já foi inventado, já é um produto maduro, só falta pôr em linha de produção.

MAIS É MENOS...

Há também um problema com os tops de linha: eles são completos demais. Os bens de consumo top costumam ter um mundaréu de funções, dispositivos, botões... Lindo para contar vantagem aos amigos, mas, sendo complicados ou simplesmente inúteis, os trocentos recursos acabam em desuso. E esta não é a pior parte: os tops têm mais coisas para quebrar. A assistência técnica será acionada com mais frequência, as peças de reposição (e a mão de obra!) serão mais caras e, talvez, você tenha de esperar um tanto pelo conserto; afinal, "este aqui é sofisticado, meu senhor, não temos no estoque".

OLHA A PEGADINHA!

Atenção redobrada para tudo o que é anunciado como "top de linha, último lançamento, *premium*, de luxo, exclusivo, sofisticado". Priorize o simples: muitas vezes, quando o assunto é qualidade de vida, menos pode ser mais.

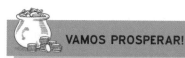 

VAMOS PROSPERAR!

Se você fizer questão de ter somente o top de linha, o último lançamento, o máximo do máximo, vai acabar pagando caro demais e, provavelmente, se frustrará muito mais rápido com a temporalidade daquilo que levar para casa. De acordo com cada categoria de produto que pretende adquirir, dê preferência ao segundo melhor, que é onde normalmente está a melhor relação custo/benefício de cada mercado.

A era da obsolescência precoce: "usado" tem mesmo de ser sinônimo de "velho"?

GASTAR

Costumo dizer que quem deseja ser mais econômico precisa aprender a *gastar mais*. Não estou falando de gastar mais dinheiro, mas de gastar mais *as coisas*. Apenas por um minuto, voltemos aos tempos da vovó: há uma atitude que a vovó tinha, muito saudável para as finanças pessoais, que é o hábito de usar as coisas até gastar. Infelizmente, a maior parte de nós deixou de lado esse bom hábito, submersos nessa onda desenfreada de consumismo que temos vivenciado nas últimas décadas.

COMO?

Era assim que a vovó fazia: comprar coador de café novo? Só se o antigo gastasse mesmo, se chegasse a fazer buraco! O mesmo critério do buraco valia para o assento das cadeiras e até para as ceroulas do vovô. Trocar? Só quando fizesse buraco de tanto usar, e buraco do tipo irremendável. Para trocar de sapato tinha de gastar a sola e depois trocá-la também várias vezes até gastar completamente, inclusive o couro de cima. Sovinice? Devo contra-argumentar que, até mesmo do ponto de vista ecológico, essa postura de usar até gastar por completo faz muito mais sentido.

TEMPOS MODERNOS

Mas hoje não é assim que o pessoal vê as coisas. Tem que trocar tudo bem antes da hora. O celular precisa ser trocado porque, oras, já lançaram um modelo mais novo e mais cheio de recursos (que, muitas vezes, você nem vai usar). Ou então: "Sabe, o meu caiu no chão e ficou com um risco aqui na tela, já não é mais novinho em folha." A roupa tem que ser descartada porque agora a moda é outra. O carro tem de ser trocado porque você acaba de descobrir no jornal que virou de modelo.

VAI NESSA?

Pense bem, o que é mais importante para você: o fato de possuir ou, efetivamente, poder usufruir? Se for a simples posse das coisas, vá fundo nessa bobagem de trocar tudo bem antes do final de sua vida útil. A regra será sempre tentar ser dono do último modelo, da novidade, do lançamento, do top de linha. E aposte aí todos os seus cobres, até mesmo seu equilíbrio e sua tranquilidade financeira!

NÃO!

Se o seu barato, no entanto, é poder verdadeiramente usufruir das coisas, pare de pensar pobre e considere a hipótese de usar até gastar por completo. Aí, então, vá comprar um novinho em folha. Dê sua cota de contribuição para salvar a natureza, colaborando para a redução da emissão de lixo tóxico nas águas e gases poluentes na atmosfera. De quebra, ainda sobrará dindim para lhe custear boas experiências.

VAMOS PROSPERAR!

Compre do bom e use até gastar, ou seja: capriche na qualidade e usufrua até a última gota. Enquanto isso, trabalhe, ganhe e acumule o suficiente para trocar quando acabar. Descartar um produto antes do final de sua vida útil, além de antiecológico, é antieconômico. É burrice financeira. Obsolescência precoce autoimposta causa duplo prejuízo: agride o ecossistema e compromete sua prosperidade!

Com dinheiro é assim: é toma lá, dá cá!

TOMA LÁ, DÁ CÁ!

Nesta vida, se você quiser ter para gastar com alguma coisa que lhe interesse mais, terá que saber economizar no que lhe interesse menos. Por exemplo: um café com pão de queijo e mais um chocolate na hora de pagar a conta não saem por menos de R$ 8 em uma cidade como São Paulo. Pode chegar a custar o dobro disso, dependendo do lugar. De qualquer forma, estaríamos falando de menos de R$ 20, que, cá entre nós, se não é pouco dinheiro, também não mudará a vida financeira de ninguém.

CONTA NO ANO

Agora, em finanças pessoais, as aparências enganam e devemos pôr tudo na ponta do lápis. Os mesmos R$ 8 consumidos dessa forma uma vez por semana resultarão em R$ 32 ao final de um mês, ou R$ 384 em um ano. Portanto, é toma lá um kit de café, mais pão de queijo e docinho uma vez por semana durante um ano, dá cá um jantar em um restaurante de luxo para um casal.

OUTRO EXEMPLO

Um banho de dez minutos custa, em média, R$ 2, considerando gastos com água e energia elétrica. Se você descuidar e tomar banhos diários de vinte minutos, em vez de apenas dez, serão gastos R$ 4 por banho. Portanto, R$ 2 despendidos a mais todos os dias, com R$ 60 de despesa adicional todo mês, o que dá R$ 720 gastos a mais por ano por causa do banho mais longo.

QUAL PREFERE?

Assim, toma lá dez minutos a mais de banho todo dia, dá cá deliciosos banhos de cachoeira naquela excursão de feriado para a região de Itatiaia, no Rio de Janeiro (só para citar um exemplo de uma linda região de cachoeiras no país), incluindo transporte, hospedagem e pensão completa.

TEM MAIS

O estacionamento no shopping custa R$ 5 por ida, no mínimo. Digamos que você vá ao shopping uma vez por semana, só para bater perna: serão R$ 5 por vez, R$ 20 por mês e R$ 240 por ano. Pois toma lá um estacionamento de shopping uma vez por semana (veja, só para bater perna), dá cá uma linda bolsa feminina ou um bem-acabado sapato masculino, todo ano.

E MAIS

Uma garrafa de refrigerante sai por algo entre R$ 4 e R$ 5. Digamos R$ 4,50, para ficar na média. Consumindo uma dessas todos os dias, serão

R$ 4,50 por dia, vezes trinta dias no mês, o que dá R$ 135 empatados no mês e R$ 1.620 em um ano. Então, toma lá uma garrafa de refrigerante por dia, dá cá uma deliciosa batidinha de maracujá em uma paradisíaca praia do Nordeste naquele cobiçado pacote de viagem!

 VAMOS PROSPERAR!

Se deseja ter para gastar com algo que você quer mais, aprenda a enxugar gastos com as coisas que quer menos. O toma lá, dá cá do dinheiro é uma milenar arte praticada desde sempre pelos seres verdadeiramente econômicos e prósperos deste planeta!

Toma lá, dá cá do dinheiro: ou isto... ou aquilo!

O SEGREDO

Com dinheiro, é mesmo assim, é toma lá, dá cá! Quer dizer, se você quiser ter grana para gastar com alguma coisa que lhe interesse mais, que lhe traga mais qualidade de vida, terá que dar um jeito de economizar em coisas que lhe interessem menos, que lhe agreguem menos ou, em alguns casos, que não agreguem coisa alguma ao seu bem-estar e à sua felicidade. Sim, é uma arte, mas dá para aprender.

ATÉ COM A CERVEJINHA!

O sujeito toma duas cervejas por dia pagando cerca de R$ 1,80 a latinha de 300 ml no supermercado. Isto dá um gasto diário de R$ 3,60, totalizando R$ 108 de despesa com cerveja por mês e quase R$ 1.300 (exatos R$ 1.296) gastos em um ano. Não dá para dizer que é pouco.

DUREZA, HEIN?!

Não vou propor ficar sem sua cervejinha, mas... que tal tomar uma só por dia, em vez de duas? Nem por isso você deixará de refrescar a goela e, no entanto, veja só o impacto positivo desse enxugamento sobre seu bolso: toma lá uma cervejinha extra por dia (quer dizer, não toma!), dá cá um automóvel zero quilômetro daqui a trinta anos. Sim, porque é isso que você joga vaso sanitário abaixo quando resolve tomar uma cervejinha além da conta todos os dias ao longo de trinta anos: o valor de um carro zero inteirinho! Interessa?

NÃO SE CONVENCEU?

Para quem fuma um maço de cigarros de R$ 6 por dia, são R$ 180 gastos todos os meses fazendo fumaça e R$ 2.160 empatados em tabaco incinerado todo santo ano. Deixando de fumar, essa pessoa sentirá na pele o efeito benéfico do toma lá, dá cá do dinheiro: toma lá um maço de cigarros evitado por dia, durante cinquenta anos, dá cá uma casa ou apartamento integralmente quitado no valor de R$ 200 mil (se o dinheiro economizado com cigarro for bem investidinho, é lógico).

EXEMPLO NÃO FALTA!

Pense no sujeito que cultiva a doce ilusão de se ver, um dia, ganhador da Mega Sena. Toda semana essa pessoa faz uma fezinha de R$ 10, o que resulta em R$ 40 gastos todos os meses com seu joguinho, e R$ 480 esvaídos em apostas todo ano. Lamento ter que lhe informar, mas, estatisticamente falando, você jamais ganhará na Mega Sena (tanto quanto eu, que nunca jogo).

JÁ QUE É ASSIM...

Toma lá uma aposta semanal de R$ 10 na Mega Sena, dá cá uma bolada líquida e certa de R$ 50 mil corrigidos monetariamente para valores da época para daqui a cinquenta anos. Se você deixar de apostar na Mega Sena desde os vinte até os setenta anos, ganhará um belo carro zero de presente!

 VAMOS PROSPERAR!

Quem gasta com bobagem fica sem dinheiro para gastar com o que interessa. Cuidado: as bobagens em sua vida financeira poderão vir travestidas de gastos aparentemente inofensivos. Você terá de identificá-los com precisão e botá-los rapidinho para fora do seu bolso antes que causem dano irreparável a seu poder aquisitivo de qualidade de vida!

Controlar gastos:
o maior beneficiário é você!

ESCOLHAS

O dinheiro é (e sempre foi) um recurso finito, restrito e limitado; portanto, deve ser bem direcionado por seu dono para garantir que lhe traga bons retornos, proporcionando uma qualidade de vida diferenciada. Assim como pelas leis da física dois corpos não podem ocupar o mesmo espaço ao mesmo tempo, pelas leis das finanças pessoais, dois diferentes gastos, duas diferentes compras, dois produtos distintos não podem caber dentro de uma mesma quantia de dinheiro. Se gastar uma quantia com isto, não terá esta mesma quantia para gastar com aquilo. O jeito é praticar o bom toma lá, dá cá.

CELULAR: TOMA LÁ, DÁ CÁ!

É confortável poder falar ao telefone celular sem ficar regulando. Pena que custa caro: sua conta pode facilmente chegar aos R$ 100 por mês, o que dá R$ 1.200 por ano. Um bom dinheiro, certo? Melhor, então, pensar em usar o celular somente para conversas curtas ou apenas para conversas mais longas verdadeiramente importantes — aquelas cujo assunto de fato não pode esperar pela disponibilidade de um telefone fixo ou um encontro pessoal.

INTERESSA?

Talvez dê para baixar a conta mensal para R$ 50, economizando outros R$ 50 todos os meses, acionando um interessante toma lá, dá cá financeiro: toma lá R$ 50 de papo-furado no celular todos os meses, dá cá um novíssimo aparelho celular desbloqueado de R$ 600 todo ano.

QUER MAIS?

Enxugando R$ 50 mensais na conta de celular, uma pessoa terá acumulado algo como R$ 3 mil após cinco anos de investimento dessa economia mensal na Caderneta de Poupança. Isso já dá para comprar, com folga, uma passagem de avião para os EUA ou para a Europa. Dez anos deste tipo de toma lá, dá cá financeiro asseguram R$ 6 mil — uma viagem completa ao exterior (para uma pessoa, pacote econômico). Se preferir, com tal valor também se compra uma motocicleta zero quilômetro, pagando à vista.

QUE MAL HÁ?

Atente-se para o fato de que não se trata de nenhuma implicância minha com o telefone celular: eu tenho, gosto, uso bem (com comedimento!), e creio que agrega para minha qualidade de vida. Mas temos que aplicar a essa conta o mesmo raciocínio que vale para qualquer outro gasto pessoal, como a conta de luz, de gás, de água, e por aí vai: toma lá desperdício, dá cá qualidade de vida!

VAMOS PROSPERAR!

Planejar e controlar gastos têm um único objetivo: liberar dinheiro bom, antes empatado em gastos ruins, para que você o empregue na compra de mais qualidade de vida, objetivando o que verdadeiramente lhe interessa mais. O esforço envolvido se paga em muitas vezes, eu lhe asseguro!

O dinheiro é seu:
veja lá o que vai fazer com ele!

GASTE TUDO, JÁ!

Ah... o eterno dilema de como direcionar seu dinheiro. De um lado, você deseja viver o presente de forma plena, gastando hoje mesmo tudo o que ganha, nivelando seu atual padrão de consumo pelo topo de suas possibilidades imediatas. Por outro lado, talvez convenha abrir mão de algumas despesas ou compras que seriam realizadas hoje, buscando enxugar gastos que agreguem menos para sua qualidade de vida. Assim se poupa e se investe um pouco todos os meses e, mais à frente, será possível realizar sonhos mais caros e preciosos.

MATE A FOME, MAS PRESERVE O BOLSO

Quem trabalha e almoça fora de casa, por exemplo, pode tentar praticar um interessante toma lá, dá cá recorrendo à tradicional marmita. Digamos que uma pessoa almoce fora todos os dias e gaste, em média, R$ 20 por refeição (algo normal para quem vive em grandes cidades). Considerando vinte dias trabalhados por mês e, portanto, vinte refeições, serão R$ 400 mensais ou quase R$ 5 mil por ano empatados neste item do orçamento pessoal.

EM CENA, A MARMITA!

Se essa pessoa estiver disposta a levar uma marmita caseira duas vezes por semana, considerando que montar um prato bem servido não custa mais do que R$ 8, poderá rolar um proveitoso toma lá, dá cá financeiro. Trocam-se oito almoços fora ao longo de um mês no valor de R$ 20 cada, por oito marmitas de R$ 8, economizando R$ 12 por refeição e R$ 96 por mês.

CHAMPANHE, MADAME?

Então, toma lá R$ 96 economizados com almoço fora por mês, dá cá um jantarzinho bem bacana a cada trinta dias; ou até melhor: um jantar de rei & rainha todos os anos, no restaurante mais caro da cidade, com vinho fino incluso, ao custo de R$ 1.200 o casal. Que tal poder bancar uma extravagância dessas sem sacrificar seu bolso? Não é para quem quer... é só para quem sabe se planejar e se controlar direito.

FIRMEZA

Admito que praticar o toma lá, dá cá em sua vida financeira não é assim tão intuitivo: a cada pequena decisão de gasto a pessoa terá de perseverar para evitar o gasto evitável. A partir daí, deverá ter a disciplina de investir o valor poupado. Afinal, sem disciplina poupadora e perseverança investidora não se junta grana e não se colhe o verdadeiro benefício do toma lá, dá cá financeiro. Agora, lhe pergunto: o que na vida funciona sem disciplina e perseverança? Toma lá esforço, dá cá resultado! Pelo menos é assim que se conquista prosperidade duradoura.

VAMOS PROSPERAR!

Sabendo equilibrar seus gastos pessoais através de um bom planejamento e um saudável controle das finanças, é perfeitamente possível liberar poder aquisitivo do mesmo salário. Refiro-me a um dinheiro antes comprometido com gastos pouco eficazes para sua qualidade de vida que pode ser bem utilizado em suas verdadeiras necessidades, prioridades e preferências — basta ficar mais ligado nisso!

3
EVITAR DÍVIDAS

Toda dívida cobra juros, e juros pagos são o pior tipo de gasto que se pode ter porque não agregam nada ao seu bem-estar. Os juros que você paga o farão empobrecer um tanto a cada dia, uma vez que os juros sangram o salário e achatam o poder aquisitivo efetivo dos seus ganhos mensais. Pior: quem recorre com frequência ao artifício de alugar dinheiro de bancos e financeiras para tentar tocar a vida e concretizar seus sonhos, acaba por fazê-lo de forma impulsiva, mal planejada, mal calculada e, por isso mesmo, desnecessariamente cara. Pense direito e tome a decisão mais adequada para sua prosperidade duradoura: vai querer abusar das dívidas e enriquecer o banco ou prefere evitá-las e enriquecer seu próprio bolso?

Um padrão de classe média se conquista com planejamento financeiro, não com dívidas!

CLASSE MÉDIA: O SONHO

Poucos de nós tivemos o privilégio de nascer ricos. Pobre, ninguém quer ser. Assim, resta a classe média como o padrão de vida que a grande maioria dos brasileiros, reles mortais, almejam. Classe média mora em casa própria, com carro na garagem (dois é melhor). Tem cozinha planejada com geladeira descolada, de aço escovado, de preferência com água gelada na porta. Na sala, TV de LED e sofás de couro. No armário, tênis caro e roupa de marca. Nas mãos, notebook e smartphone novinhos. Classe média viaja (até para o exterior), passeia, come fora. Faz unhas, cabelo e até massagem relaxante.

PARA TODOS

Que mal há em querer ter uma boa vida, amparada por itens de conforto e conveniência como esses aí? Nenhum. Se tenho, quero que todos os brasileiros tenham. Se uns podem, por que outros não? Durmo mais tranquilo sabendo que os pobres de marré são hoje a minoria do nosso povo (uma minoria que ainda perfaz alguns milhões, mas já minoria). Agora, cá entre nós, nossa nova classe ainda ganha muito pouco. Do ponto de vista do nível dos salários, dá para dizer que são quase uma classe baixa remediada. Aí mora o perigo: o sujeito não ganha essa grana toda, mas tem essa gana toda!

SOLUÇÃO?!

O risco de pensar pobre diante desta realidade é grande. "Eu quero, mas não ganho para isso. Mereço, não ficarei sem! Mas, como não ganho para isso, o jeito é fazer dívida, dívida e mais dívida. Não tem saída: se pobre não tiver dívida, não conquista nada nesta vida!" Nossos bancos, que vivem de alugar dinheiro caro para "complementar sua renda", se regozijam nessa traiçoeira "solução mágica" para combater a pobreza. E aí? Se a renda já não é o bastante para comprar o padrão de vida que a família deseja, será suficiente para também arcar com as dívidas e seus enormes juros embutidos?

SOLUÇÃO!!!

Crédito (caro) não resolve a pobreza do pobre, só a agrava. O que resolve? Da porta do bolso para fora, a economia brasileira tem de ser passada a limpo, com as reformas tributária, trabalhista, dos portos, das estradas, da infraestrutura de base da produção do país. Isso elevaria a produtividade e permitiria que os brasileiros ganhassem aumentos reais de salário. É o que nós, cidadãos brasileiros, esperamos de todo bom governo. Da porta para dentro? Planejar, poupar, aplicar, ganhar juros, comprar à vista e com desconto, dizer *NÃO* ao crédito caro e um belo *SIM* ao planejamento financeiro!

VAMOS PROSPERAR!

Todos queremos ter um padrão de consumo confortável de classe média. Se a renda parece pouca para tantos sonhos, contrair dívidas para tentar atingir o padrão desejado terá o efeito contrário, porque parte da renda precisará ser desviada para pagar juros. Já a via do planejamento financeiro — juntar antes, aplicar e ganhar juros, para depois comprar à vista e com desconto — é, sem dúvida, um caminho certeiro para a prosperidade!

Não deixe a "grama do vizinho" arrastar você para as dívidas!

"A INVEJA É UMA META"

Assim reza o ditado... ou quase assim... mas bem que poderia ser! Para gente inteligente, em vez de ser um sentimento negativo e destruidor, a inveja é uma meta. Quero dizer: uma meta no sentido de um objetivo a ser almejado, um alvo a ser perseguido; enfim, uma meta a ser traçada e conquistada na vida. Afinal, a inveja pura e simples, sem um objetivo que lhe dê um sentido construtivo e possa transformá-la em energia positiva para a conquista de sonhos... essa inveja é caca, mesmo!

NATURAL

Qual foi a última vez que você sentiu inveja de alguém? Ninguém está livre de se ver acometido, vez ou outra, de uma pontinha de inveja. Mas existe a inveja destrutiva, que leva o invejoso a desejar o mal do invejado, e também a inveja construtiva, que eu prefiro chamar de admiração.

INSPIRAÇÃO!

Este é um sentimento produtivo, que pode muito bem se transformar em uma meta para o "invejoso", ou melhor, para o admirador em questão. Seu cunhado foi morar em um apartamento admirável? Ora, você pode traçar a meta de conquistar um apartamento parecido para sua família. Seu vizinho comprou um carro admirável? Por que não traçar a meta de comprar um parecido? Sua melhor amiga acaba de voltar do shopping arrasando, com sacolas cheias de roupinhas admiráveis? Inspire-se!

PLANOS DE METAS

Essas "pontadas" são típicas oportunidades para transformar sua "inveja" em uma meta, traçando para cada meta um plano de ação... e realização: 1) estime a reserva financeira total que será necessária para realizar tal sonho (R$ 40 mil do carro); 2) trace um horizonte de tempo razoável para conquistar a meta (cinco anos ou sessenta meses); 3) divida o valor pelo prazo para obter a "prestação mensal" que você deverá se esforçar para poupar (R$ 670); e 4) escolha uma boa aplicação para destinar essas mensalidades (na Poupança bastarão R$ 560 por mês, ou R$ 110 a menos todo mês).

DÍVIDAS, NÃO!

Lógico, tem quem não contenha a inveja e não planeje suas metas, optando logo por fazer a dívida. O carro de R$ 40 mil financiado, sem entrada, com juros de 1,69% ao mês, em sessenta meses, acarretará parcelas de R$ 1.070 (praticamente o dobro de quem souber poupar e aplicar). Porém, fixando metas e traçando planos, buscando a partir daí enxugar seus gastos para conseguir poupar, investir, acumular e concretizar seus sonhos, você logo passará de admirador a admirado!

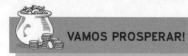 

VAMOS PROSPERAR!

A inveja jamais deve empurrá-lo para as dívidas. Sua vida é sua e não tem nada a ver com a vida do vizinho. Você, por acaso, sabe como ele vem conquistando o que demonstra ter? Há muita gente bonita na foto mas estourada por trás do porta-retratos. Evite ser, você também, mais uma dessas maria vai com as outras do consumismo atual.

Cuidado com a dívida disfarçada de bom negócio através da tática do "juro zero"!

HISTORIETA DE FAMÍLIA

Minha mãe tinha um ano de idade (era a caçula, oitava filha da família), quando, num belo dia, bateu à porta da casa da minha avó um cobrador: "Dona Felipa, vamos levar a máquina de costura, seu marido acaba de perder no jogo." Detalhe: sem nenhum suporte do marido alcoólatra, minha avó sustentava os oito filhos como costureira. Mas... dívida de jogo é assim, e lá se foi a máquina. Se fosse hoje, vovó correria ao magazine da esquina e compraria outra. Esse, no entanto, não foi o desfecho à época.

NÃO TEM, NÃO COMPRA!

Minha pobre avó, infelizmente, não tinha os 2,5 mil da época que lhe permitiriam arrematar a cobiçada máquina e tocar a vida. Muito longe disso. Por outro lado, o dono da loja não poderia lhe vender fiado um bem de valor tão elevado. Fiado no arroz e feijão tudo bem, mas não numa máquina! Então, vovó trabalhou por um ano também no "terceiro turno", com a máquina emprestada de uma amiga, para turbinar a renda e acumular o valor necessário. Conseguiu.

QUANDO VALE *VERSUS* QUANDO NÃO VALE

Em um caso de necessidade extrema como esse, pagar dez "parcelinhas" de trezentos dinheiros teria, provavelmente, sido a melhor saída, se disponível. Isso considerando que tal parcelamento redundaria num total de 3 mil, em vez dos 2,5 mil à vista — portanto, quinhentos dinheiros ou 20% a mais, um extra que podemos qualificar como "juros embutidos" no parcelamento em dez vezes "sem juros". Agora pergunto: no caso de uma nova TV de LED, compensaria?

NÃO VALE!

Dificilmente quem vai comprar uma nova TV de LED está hoje sem TV. Pode até ter uma de tubo, antiga, mas sem futebol e novela o comprador certamente não está. O cartaz da loja diz: dez parcelas de R$ 300"sem juros"; certo? Mas sabemos que à vista sairia por R$ 2,5 mil, então, na realidade, há R$ 500 de juros embutidos. A pressa em ter o bem fará o sujeito perder, digamos, um aparelho de DVD inteirinho. Com essa verba também daria para alugar cinquenta títulos de filmes em HD.

ILUDA-SE, SE QUISER

Um sujeito em sã consciência (ainda mais um comerciante) não parcelaria um valor que ele pudesse tranquilamente receber do comprador à vista. Então, se ele parcela é porque sabe que o comprador não tem para pagar à vista. E aí o consumidor pede para ser enganado: é só camuflar nas parcelas os inevitáveis juros (que o comerciante terá de entregar ao banco!) e... venda fechada!

VAMOS PROSPERAR!

Acredita em juro zero? Então é melhor começar a acreditar também em Papai Noel, duende, fadinha... Não se engane, não se deixe enganar: o juro está lá, embutido, esperando o trouxa financeiro que pede para ser trapaceado com sua ansiedade de consumo e falta de planejamento. Depois, tem gente que não entende por que "só os outros" prosperam...

Não tem dinheiro para comprar? Vá juntar! Porque se parcelar vai pagar juros... ah, vai!

COMÉRCIO

Imagine um lojista que comercializa geladeiras de um determinado modelo. Sua loja pagou ao fabricante R$ 500 por refrigerador. Fazendo os cálculos na ponta do lápis, o lojista chega à conclusão de que se vender por R$ 700 (com R$ 200 de margem sobre o custo da mercadoria) conseguirá ajudar a pagar seus custos de operação (que cabe àquele item bancar) e ainda obterá o lucro desejado (para aquela peça). Daí, então, ele anuncia a geladeira por R$ 700 à vista, certo? Errado.

"SEM JUROS"

O lojista sabe que pouquíssimas pessoas têm R$ 700 disponíveis. Nem tanto porque o brasileiro ganhe pouco (até poderia ganhar mais), mas, principalmente, porque não tem cultura de Poupança e, por isso, nunca tem dinheiro maior disponível para nada. Assim, se pedir R$ 700 na lata pelo refrigerador, ficará com praticamente todo o seu estoque encalhado. Então, ele anuncia a geladeira por 12 parcelas "sem juros" de R$ 69,90 . Para que desembolsar R$ 700 se você pode pagar uma "parcelinha" de apenas 10% desse valor?!

VENDIDO!

Ofertando este plano de parcelamento "sem juros", o lojista venderá a tal geladeira aos montes, pois viabilizou a venda tanto para aqueles que não tinham o dinheiro pronto (nove em cada dez potenciais compradores) como para aquele (um em cada dez) que tem a grana toda, mas não tem "coragem" de torrar sete notinhas de cem numa mera geladeira. De quebra, ampliou seu lucro: agora vai apurar R$ 838,80 no total, R$ 138,80 ou 20% a mais. Parte desse valor irá para o banco, mas a outra ficará na loja mesmo.

VANTAGEM!

Logo que surgiram os parcelamentos — em três, em seis, em dez e, mais recentemente, em 12 vezes "sem juros" — ainda havia a ideia de que parcelar era coisa de pobre. Para evitar o preconceito do consumidor, nada como racionalizar a vergonha. Surgiu assim o argumento de que "ao parcelar, você poderá manter o dinheiro aplicado, ele ficará rendendo juros, dando a você uma boa vantagem financeira". E quem não gosta de levar vantagem, certo?

VANTAGEM?

Quem tiver dinheiro aplicado e preferir pagar uma determinada compra, por exemplo, em três prestações, em vez de à vista, ganhará menos de 1% de juros (numa aplicação conservadora) sobre o valor da compra. Mesmo que o parcelamento seja em 12 vezes, o ganho será de no máximo 3%, um percentual ainda diminuto diante do possível desconto à vista e do risco de bagunçar o orçamento com tanta parcela pendurada, o que pode acarretar nas dívidas emergenciais para tentar consertar a situação, levando a incorrer nos amargos juros cobrados pelo dinheiro alugado. Quer saber? Distância das parcelas! Se tiver, compre; se não, junte! Daí, compre à vista e com desconto, sem carnê e sem medo de ser feliz.

 VAMOS PROSPERAR!

A vantagem de parcelar uma compra é muito mais ilusória do que financeiramente concreta. O apelo do "ganho financeiro" do parcelamento fala fácil a nossa percepção mais rasa de bom senso, mas, ao fazer os cálculos, você acaba identificando que a vantagem financeira do parcelamento não compensa a desvantagem financeira de bagunçar suas contas pessoais com tanta parcela!

Uso consciente do crédito: faça dívidas menos ruins para seu bolso

PENDURA!

As taxas de juros praticadas para pessoas físicas nas várias modalidades de crédito ofertadas por bancos e financeiras no Brasil estão entre as maiores do mundo. Por vezes, vejo representantes do setor financeiro "explicando" que isso se dá tristemente pela elevada inadimplência (ou seja, o não pagamento de dívidas) no país. Seria o brasileiro caloteiro e, como merecida punição, estaria nosso povo eternamente condenado a juros surreais?

NADA!

Costumo pensar e explicar diferente: o brasileiro é bom pagador, mas acaba dando calote porque é mau devedor. De acordo com minha experiência de duas décadas e meia como planejador financeiro, o brasileiro típico odeia ter dívidas e tem medo de ficar com o nome sujo na praça. Tanto que a maioria faz das tripas coração, mas acaba saldando seus débitos (muitas vezes ao custo de sacrifícios desumanos).

A SOLUÇÃO DEFINITIVA!

O melhor remédio para combater de vez a inadimplência é mesmo garantir o uso criterioso do crédito bancário. Nenhuma dívida pessoal será jamais desejável, mas isto também não quer dizer que toda dívida precise ser assim tão ruim para você, a ponto de chegar inclusive a correr o risco de não conseguir pagá-la. Se pensa em fazer uma nova dívida, será importante se assegurar de que está fazendo um uso verdadeiramente consciente e responsável do crédito. E isso dependerá basicamente de quatro fatores:

1. Finalidade do crédito.

É fundamental ter um propósito claro e genuinamente compensador para fazer uma nova dívida, ou seja, um objetivo a atingir que traga real impacto positivo para a qualidade de vida do tomador do crédito e de sua família. Exemplo: tomar dinheiro no crédito pessoal do banco para quitar mensalidades atrasadas da escola ou faculdade, ou para fazer um tratamento de saúde, infelizmente, não coberto pelo plano ou pelo sistema público de saúde. Melhor seria ter separado uma reserva financeira de emergência, mas não tendo planejado isso antes...

2. Momento de vida.

Antes de fazer a nova dívida, é preciso ter segurança de que o momento pede e permite, ou seja, o objetivo em questão (aquele sonho que você deseja concretizar) realmente não pode esperar pela solução financeira ideal, que é: poupar + investir + ganhar juros + comprar à vista logo mais à frente, com um bom desconto. Há situações na vida da gente para as quais (infelizmente) não se tem dinheiro disponível e não se pode esperar, porque, se a concretização do objetivo vier somente mais à frente, a conquista não terá o mesmo valor/sentido para o tomador de crédito. Exemplos: comprar um presente para a mãe somente após o Dia das Mães ou comprar um berço para o filho quando ele já estiver quase andando e falando. Cabe a cada um avaliar o real valor por trás do momento e se a motivação compensa mesmo a contratação de uma nova dívida.

3. Encaixe no orçamento.

Antes de assinar o compromisso do novo crédito, tenha para si a clareza de que seu orçamento comporta tranquilamente a nova dívida por todo o prazo em que o pagamento do crédito persistirá. Não adianta apenas se assegurar de que as primeiras parcelas caberão em seu bolso. É preciso estar ciente de que todas elas, incluindo aquelas já existentes de outras dívidas (e ainda mais outras parcelas de novos créditos que porventura você pretenda contratar), caberão no orçamento sem gerar um desequilíbrio financeiro que "forçaria" a contratação de dívidas emergenciais e incrivelmente caras.

4. A conta certa dos juros.

Quem pretende contrair uma nova dívida precisa ter claro o verdadeiro custo por trás da operação de crédito, ou seja, deve calcular os juros devidos não só em cada parcela mas também no cômputo geral de cada operação de crédito. Vale mesmo a pena? O valor desperdiçado com juros compensa a conveniência gerada pela entrada do novo crédito? Esse cálculo será importante também para que o potencial devedor possa comparar as diferentes opções disponíveis no mercado, escolhendo aquela que menos comprometa seu poder aquisitivo e sua prosperidade, já que, pelo menos um tanto, todas comprometerão!

VAMOS PROSPERAR!

Só existem duas dívidas realmente boas: 1) a que você já pagou; e 2) a que você nunca fez. No entanto, se precisar contrair crédito, que seja por um bom propósito, no momento de vida correto, bem encaixadinho no orçamento e enxergando direito o quanto você estará pagando de juros, que é para tentar pagar o mínimo possível. Você sabe: juros pagos sempre o empobrecem!

Taxa de juros baixa = dívida boa, certo? Errado! Veja o que pesa de fato em uma dívida

HISTORIETA CONTADA NA PONTA DO LÁPIS

Marcelo deseja comprar um carro financiado no valor de R$ 30 mil. Ele se dirige àquele grande shopping de automóveis próximo de sua casa, mas também poderia ter buscado aquela rua de comércio especializado em automóveis lá da região onde mora. O importante é pesquisar e comparar.

O PREÇO

Em uma primeira loja, Marcelo encontra de cara o carro que está procurando, no estado em que deseja (até mesmo na sua cor preferida, olha que sorte!), e esse automóvel custa precisamente os R$ 30 mil que Marcelo está disposto a pagar, por ser esse o preço apresentado em jornais, revistas especializadas e na internet.

AS CONDIÇÕES

Comprando à vista, negociando direito, o carro sairia por cerca de R$ 28 mil, isso é fato. Porém, Marcelo não tem esse dinheiro. Considerando a compra financiada pelo banco, a proposta que lhe fazem nessa loja é dar 20% de entrada (R$ 6 mil) e financiar o restante (R$ 24 mil) em 24 parcelas com juros de 2,99% ao mês. Isso resultará em 24 mensais de R$ 1.416.

PESQUISANDO

Como se trata de uma primeira oferta — e Marcelo ainda está fazendo suas pesquisas para decidir pelo melhor —, ele se dirige a uma outra loja que então lhe oferece, por intermédio de uma financeira, uma taxa de juros mais baixa: 2,49% ao mês. Aparentemente, um bom começo, presságio de bom negócio.

CONDIÇÕES "FACILITADAS"

Além disso, essa segunda loja não pede nada no ato (zero de entrada!) e ainda parcela o saldo devedor no dobro do prazo da primeira, ou seja, em 48 mensais. As parcelas, nesse caso, terão um valor razoavelmente mais baixo que as da loja anterior: "apenas" R$ 1.078 mensais. Bom negócio? A julgar pelas impressões iniciais, Marcelo acaba saindo dessa segunda loja mais satisfeito. Afinal, conseguiu uma taxa menor, um valor de empréstimo maior (portanto, mais crédito) e um prazo mais longo, com a prestação menor. Não é com isso que todos sonham?

A CONTA CERTA!

Antes de tomar a decisão final, no entanto, Marcelo gosta de fazer os cálculos corretos na ponta do lápis. Assim, ele apura que na primeira hipótese, pagaria um total de quase R$ 40 mil pelo financiamento desse automóvel (R$ 6 mil + 24 prestações de R$ 1.416), o que dá quase R$ 10 mil de juros. Sim, isso dá mais de 40% do valor financiado, dinheiro suficiente para comprar uma boa moto zero quilômetro, por exemplo. Já na segunda hipótese, justamente a que em princípio lhe parecia mais vantajosa, Marcelo descobre que acabaria pagando R$ 51.700 pelo carro financiado, ou seja, R$ 21.700 de juros. Isso dá nada menos que 70% sobre os R$ 30 mil financiados e mais que o dobro dos juros (em reais) da primeira opção!

LIÇÃO APRENDIDA!

Ficou claro para Marcelo que para conseguir pagar a menor quantia em juros no cômputo geral de uma operação de crédito, deve-se sempre prezar não apenas a menor taxa (isso é óbvio!) mas também uma maior entrada e um menor prazo que resultem em um financiamento com prestações que caibam em seu orçamento de forma equilibrada. Só assim se pode garantir que, no total da dívida, se estará pagando o mínimo de juros, comprometendo o mínimo possível sua prosperidade.

VAMOS PROSPERAR!

Ao contrair uma nova grande dívida, como o financiamento de um bem de valor elevado, escolha a de taxa mais baixa, sem dúvida. Mas também procure dar a maior entrada, financiando um saldo menor, e pagar o mais rapidamente possível, no menor número de parcelas. Isso garantirá que os juros totais pagos serão os menores possíveis!

4
POUPAR SEMPRE

Só é possível investir o dinheiro que antes se poupou. Dinheiro gasto é dinheiro morto: seja para o bem (usufruir) ou para o mal (desperdiçar). Mas... poupar é chato, gastar é que é gratificante. Contudo, vale lembrar que todo o dinheiro poupado irá ressuscitar (maior e "mais vivo"!) logo mais à frente. É isso que deve estimular você a poupar um pouco todo mês: acumular uma grana maior para bancar um grande sonho de compra e consumo, evitando assim apelar para uma nova (e pesada) dívida. Grandes sonhos precisam mesmo ser parcelados, pagando-se um pedacinho a cada mês. Mas que seja pelo caminho da Poupança, não o da dívida!

Dá para gastar tudo já (ou seja, não poupar nada) e ainda assegurar a prosperidade duradoura?

LÓGICO QUE NÃO!

Afinal, qual é a parte do salário que se deve economizar e investir todos os meses para se ter uma vida financeira próspera e bem resolvida? A pergunta é rápida, a resposta nem tanto.

MAS... PARA QUÊ?

De cara, vou questionar: qual é a verdadeira finalidade de poupar? Quem respondeu "investir", desculpe-me, trocou o fim pelo meio. Ninguém poupa apenas para investir. Só investir, sem pensar no que se há de colher, não dá o menor prazer. Se a gente poupa é para poder gastar. Sim, lá no futuro, gastar aquela reserva maior que se juntou aos poucos. Enquanto isso, como forma de proteger e multiplicar os cobres poupados, nos valemos de bons investimentos. Que são apenas meios, não fins.

SONHOS MOTIVADORES

Por trás de qualquer esforço poupador persistente que façamos nesta vida deve sempre haver um grande sonho de compra e consumo, uma grande meta a ser conquistada que, naturalmente, pede uma grande soma. Tais desafios é que nos motivarão, consistentemente, mês após mês, a não gastar de imediato uma parte do que ganhamos, deixar de consumir já, de usufruir hoje mesmo. Enfim, poupar. Sacrifícios que fazemos no presente em troca de benefícios maiores no futuro.

RECEITA PARA A CONQUISTA

Anota aí: poupar mês após mês + juntar aos poucos + aplicar bem + ganhar juros sobre juros + angariar o suficiente para finalmente comprar à vista e com desconto, levando o bem para casa quitado, sem carnê. Se não for assim, não haverá suficiente dinheiro pronto e o sonho... babau! "Puxa, que vida é essa em que trabalho só para pagar contas? Não posso sonhar com nada?!"

ESFORÇO

Pense na quantia necessária para comprar um carro, ou trocar o seu: dá para tirar do salário de um único mês? Pense em uma grande viagem que deseja fazer, aquela grande festa que gostaria de dar: o ganho do mês banca? A compra de um imóvel, o pé-de-meia da aposentadoria... Esses sonhos poderão ser frustrados se você não tiver disposição de poupar um tanto todo mês para cada um deles.

DÍVIDA NÃO!

Quem não poupa regularmente acaba não conquistando muita coisa, ou pior: tenta conquistar a poder de dívida, pois jamais terá a grana pronta. Daí será mais caro (por causa dos juros elevados), demorado (custa a quitar o carnê) e arriscado (se não pagar, o nome ficará comprometido e o bem será subtraído). Mas... não você, que já está enxergando com clareza a importância de conseguir poupar para conquistar a prosperidade duradoura.

VAMOS PROSPERAR!

Poupar para quê? Para aumentar o poder aquisitivo do salário! Aí, a receita infalível é: poupar mês após mês + juntar aos poucos + aplicar bem + ganhar juros sobre juros + angariar o suficiente para finalmente comprar à vista e com desconto, levando o bem para casa quitado, sem carnê!

Quanto do salário se deve poupar todo mês para ter uma vida financeira bem resolvida?

QUANTOS %?

Quando finanças pessoais são o assunto, uma das perguntas mais comuns — e verdadeiramente importantes! — é esta: qual é a porcentagem correta do salário que se deve poupar e investir todos os meses para ter seus maiores sonhos de compra e consumo realizados sem ter de apelar para as dívidas e pagar juros para os bancos e financeiras desnecessariamente?

EXEMPLO

Vamos imaginar uma pessoa com renda líquida mensal de R$ 4 mil, um típico salário de classe média, almejado por muitos (observação: as mesmas porcentagens poderão ser aplicadas a outras faixas de renda). Para começar, convém reservar 10% — neste caso, R$ 400 mensais — desde o começo da carreira (a partir dos 25 anos, por exemplo) e seguir poupando isso todos os meses até os 65 anos. Objetivo: juntar o pé-de-meia da aposentadoria. Aplicando bem, este esforço resultará em mais de R$ 600 mil (devidamente atualizados para valores da época, que é para não peder R$ 0,01 de seu poder de compra)!

PRECAVIDOS

Ninguém deve ficar sem uma reserva para emergências. Recomendo poupar 5% todos os meses para compor um fundo de emergências. Esses R$ 200 mensais (prosseguindo com nosso exemplo de salário de R$ 4 mil) poderão resultar em R$ 13 mil a cada cinco anos. Tal grana poderá ajudar em um eventual período de desemprego ou em um — improvável, mas não descartável — problema mais grave de saúde. Agora, se o tempo passar, a grana acumular e a emergência não vier, dá para pegar parte da grana e redirecionar para algum... mimo: fazer uma viagem legal, dar uma festa bacana ou comprar um objeto de desejo de valor mais elevado.

CARRO E FILHO

Para comprar seu primeiro automóvel ou ter a diferença para trocar o atual, mais 5% ou outros R$ 200 por mês. Isso permitirá juntar uns R$ 8 mil a cada três anos. Daí, mais 5% para a futura educação universitária do(s) filho(s). Resultado? R$ 80 mil acumulados ao final de 18 anos!

VIAGENS

Está aí um dinheiro bem gasto: a grana empatada para viajar, passear, conhecer novos lugares no mundo, culturas diferentes, fazer novas amizades... Vale pensar em reservar uns 5% dos ganhos, ou R$ 200, para o objetivo de, por exemplo, acumular R$ 8 mil na Caderneta de Poupança para uma viagem internacional, ou mesmo uma grande viagem em seu próprio país, a cada três anos.

PAULADA ANUAL

Não dá também para esquecer as "sagradas" despesas recorrentes de todo ano: IPVA do carro, IPTU da casa, verba de reforço para as férias etc. Com a intenção de preparar a grana para estes gastos anuais, recomendo poupar e aplicar na Poupança a cada um dos meses do ano anterior outros 5% do salário. Os R$ 200 mensais acumulados na Caderneta a cada 12 meses devem redundar em cerca de R$ 2.700, suficientes para a maior parte das pessoas honrarem tais obrigações periódicas.

NA PONTA DO LÁPIS

Tudo somado, poupando e aplicando 35% de sua renda mensal (aproximadamente um terço), seus principais sonhos (e necessidades) para o futuro estarão garantidos. É como reservar R$ 1 a cada R$ 3 ganhos para os gastos de maior valor (e grande importância para sua qualidade de vida!) que virão pela frente. Em tempo: a casa própria está fora desta proposta. Para a maior parte das pessoas ela será uma dívida (financiamento imobiliário) e levará até outro terço da renda. Agora... como viver bem com aquele um terço que sobra? Gastos mais econômicos e dívidas mais prudentes são o caminho das pedras para quem deseja viver bem com o que tem hoje sem comprometer seus objetivos futuros.

VAMOS PROSPERAR!

Para viver bem hoje, você pode gastar ainda hoje a maior parte do que você ganha. Só não vá gastar tudo! Se estiver de "bolso curto" e pintar necessidade ou desejo pela frente, você terá de apelar para as dívidas... E toca enriquecer os bancos e as financeiras com juros pagos à toa!

Poupar é preciso, não só para necessidades, mas também para garantir "o luxo" desta vida!

SONHOS

Ainda outro dia, uma querida amiga que passeava em viagem a um lugar paradisíaco do exterior (por aqui eles também existem aos montes) postou, em sua página do Facebook, algo mais ou menos assim, como legenda para sua deslumbrante foto: "Eu trabalho para viajar; e você?" Eu e minha família, na condição de legítimos fanáticos por viagens, não poderíamos discordar. E, como planejador financeiro, compreendo bem o que minha amiga propõe: a gente trabalha na vida não só para pagar contas, mas para realizar sonhos!

SABEDORIA

"Cuide dos luxos, e as necessidades cuidarão de si mesmas." A sábia frase é de Frank Lloyd Wright, o maior arquiteto norte-americano de todos os tempos. O sr. Wright jamais recomendou a ostentação, o excesso, o supérfluo, até porque sua obra ressaltou a nobreza calcada na natureza, no simples, no elementar. Ele propunha cuidar primeiro de coisas especiais, tudo o que dá cor e sabor à vida.

LUVA!

Transposta para nossa vida financeira, a orientação fica perfeita. Ao receber seu salário, separe primeiro o dinheiro daqueles planos de investimentos que o levarão a realizar grandes sonhos de compra e consumo, projetos verdadeiramente especiais para sua qualidade de vida. Daí, com o que sobrar, pague suas contas, suas compras e dívidas. No início, você vai se apertar, é verdade, mas logo encontrará formas criativas de viver uma vida digna com as "sobras", sempre motivado a cada dia pelo fato de que está juntando para aquilo que realmente interessa. Tal como... viajar, por exemplo!

POUPANDOOO!

Pensemos em alguém com um salário de R$ 4 mil que esteja disposto a poupar e aplicar 5% — ou R$ 200 desse salário — todos os meses, com a meta específica de juntar para viajar (sem ter de apelar para dívidas). Ele poderá acumular cerca de R$ 2.500 em um ano. Isto já paga uma viagem econômica (mas bem bacaninha!) de uma semana, para um casal, para quase qualquer destino deste nosso lindo Brasilzão. (Ok, uma viagem bem pesquisada, na baixa temporada, mas está valendo!) Ou então dá para bancar uma viagem mais curta para uma família de quatro pessoas.

ESTICAAANDO A POUPANÇA

Se o esforço poupador for mantido por dois anos e meio, a Poupança irá para uns R$ 6.500 (cerca de US$ 2 Mil), suficientes para uma viagem enxuta ao exterior. Sendo ainda mais paciente, esperando cinco anos para colher a grana, terá mais de R$ 13 mil (cerca de US$ 4 mil)! Isto dá para uma família conhecer os Estados Unidos numa viagem supereconômica, ou será o bastante para um casal passar uma semana se esbaldando naqueles maravilhosos parques norte-americanos. Essa grana também possibilitará a uma pessoa fazer uma viagem ultraeconômica pela Europa (mas é Europa, hein... Paris... Londres... pensa só!). E então: não vale a pena poupar para garantir um "luxo" destes?

 VAMOS PROSPERAR!

Poupar pode ajudar você a alcançar mais daquilo que os outros chamam de supérfluo... e te invejam um monte porque você conseguiu conquistar! Imagina se souberem que você pagou à vista, com desconto, depois de ganhar juros numa boa aplicação?!

Quer curtir o melhor desta vida? Não adianta chorar, é melhor poupar!

CHORO

"Quem me dera ter aquele salarião, ser rico... assim eu iria poder passear, viajar, me divertir. Mas sabe como é, pobre não tem vez para as coisas boas da vida!" Pois está aí um péssimo jeito de pensar pobre. Ou então essa: "Se eu fosse rico poderia viajar à vista, com tudo pago antes de embarcar. Ah... mas pobre tem que parcelar. Mesmo com juros embutidos (todo o mundo sabe que tem!), não há outro jeito!" Antes de jogar a toalha e destratar seu dinheiro (ou, o que é pior, seu sonho!), vamos à ponta do lápis.

QUANTO CUSTA?

Um pacote de viagens para um maravilhoso destino de norte a sul do Brasil não vai lhe custar mais que R$ 2 mil (pagos à vista, fora da alta temporada, é lógico). Isso, incluindo passagens aéreas, pousada com café da manhã e um passeio no local. Ok, R$ 2 mil não é pouco dinheiro, mas, pelo tremendo impacto positivo que terá sobre sua qualidade de vida, cada centavo vale a pena! Poupando, você poderá perfeitamente chegar lá, basta aplicar R$ 160 durante 12 meses na Caderneta de Poupança.

E CADÊ A GRANA DE POUPAR?

Animado com o plano, porém descrente de seu potencial de economizar, o candidato a viajante me questiona: "De onde virão esses R$ 160 mensais? Orçamento de pobre é muito apertado, professor!" Para descolar essa grana, vale a ajuda de três "amigas", velhas conhecidas: a conta de luz, a conta do telefone fixo e a conta do celular. Serão elas que irão bancar sua viagem quitada à vista. Cada uma oferecerá a contribuição próxima de R$ 50 mensais para inteirar os R$ 160 necessários.

ESFORCINHO AÍ!

Ninguém precisa viver no escuro, nem ficar mudo e incomunicável com o resto do mundo para livrar esses R$ 50 de cada uma dessas três despesas. Conseguir enxugar esta quantia por mês em cada conta dessas está até fácil e é só uma questão de ter bom senso, de saber dar o devido valor ao dinheiro, de dar uma planejada e uma controlada no dia a dia. Afinal, é sua qualidade de vida que está em jogo. Tente e verá que vai dar certo.

COMPENSA!

Se não fizer desse jeito, a pessoa terá de parcelar a viagem em 12 vezes "sem juros" (entre aspas mesmo), de R$ 200. Daí serão 12 × R$ 200 = R$ 2.400 por uma viagem que vale R$ 2 mil (quando quitada à vista). No cômputo geral, ao parcelar essa viagem, a pessoa estaria pagando R$ 400 ou 20% a mais, só por conta dos juros embutidos no parcelamento "sem juros"! Hum... R$ 400 é uma boa grana, não? Dá para dois ou três jantares de um casal, comendo lagosta no Nordeste ou marreco recheado no Sul! E isso não tem mais... digamos... gosto de prosperidade?

VAMOS PROSPERAR!

Você quer o que é bom, quer lazer, quer prazer, quer se divertir, quer viver a vida numa boa e não apenas trabalhar para pagar as contas. Atenção: o hábito de poupar pode lhe ajudar tremendamente a conquistar esse seu estilo almejado de boa vida, uma vida próspera!

5
INVESTIR DIREITO

Para acumular reservas expressivas é necessário aplicar um tanto regularmente, todos os meses. O Brasil é hoje um dos países com acesso mais democrático do pequeno investidor a aplicações dinâmicas que combinam equilibradamente boa segurança com excelente rentabilidade. Mas a maior parte dos brasileiros vive na ignorância financeira e desconhece modalidades de investimentos como títulos do Tesouro Direto, RDCS (Recibos de Depósito Cooperativo), ações da Bovespa e outros interessantes ativos financeiros que podem ser negociados a partir de sua própria casa, pela internet, com muita facilidade, segurança e ganhos bastante diferenciados.

Se não sobra para investir...
faça sobrar!

NÃO SOBRA!

Muita gente reclama que não tem dinheiro para investir. Daí, quando surge a necessidade — ou a vontade — de realizar um gasto de maior valor, jamais haverá dinheiro pronto disponível.

AMARELO PISCANTE

Imagine uma família que peça por semana duas refeições delivery (pode ser pizza, massas ou comida chinesa, por exemplo) ao valor unitário médio de R$ 50 cada refeição. Sendo oito refeições por mês, o gasto mensal ficará em R$ 400 (R$ 50 multiplicados por oito refeições). Digamos que hoje esse gasto esteja pesando demasiadamente no orçamento e precise passar por um providencial enxugamento.

ENXUGANDOOO!

Uma opção inteligente seria trocar as refeições de R$ 50 por um valor unitário médio de R$ 40. Fazendo uma pesquisa na região onde se mora isto será perfeitamente possível. Pode-se então combinar tal providência com a precaução de fazer um único pedido por semana, ou seja, quatro pedidos por mês. Nos outros dias, come-se comida preparada em casa mesmo, que também tem algum custo, mas bastante inferior. Agindo assim, quanto se economiza?

UMA BOA GRANA!

Adotando este cuidado de enxugamento, o novo valor da despesa será de R$ 160 (R$ 40 multiplicados por quatro refeições), gerando uma economia mensal de R$ 240 e uma economia anual de R$ 2.880. Após liberar R$ 240 mensais com maior controle dos gastos com comida delivery, será possível aplicar este dinheiro e ganhar juros.

NA PONTA DO LÁPIS

Imaginemos o investimento desta mensalidade na Caderneta de Poupança, com rendimento mensal de 0,45%. Em sessenta meses (cinco anos), a família terá juntado praticamente R$ 16.500. Destes, R$ 14.400 (R$ 240 mensais multiplicados por sessenta meses) terão vindo do esforço poupador da própria família (87%), enquanto os outros R$ 2.100 terão vindo dos juros sobre juros acumulados na Caderneta (13%). Este "extra" será resultado do esforço do dinheiro trabalhando pela família.

PRÊMIO

O que pode ser feito com a verba acumulada? Boas destinações para o dinheiro não faltarão. A grana será suficiente para bancar uma maravilhosa viagem ao exterior, por exemplo, com tudo incluso para quatro pessoas: o casal e dois filhos. Esse dinheiro também poderá ser usado para trocar o carro da família por um ainda melhor, sem carnê. Sabe como é: com dindim na mão não faltará diversão! Assim pensam as mentes prósperas!

 VAMOS PROSPERAR!

Não pode haver um bom investidor se antes não houver um bom poupador. E não pode haver um bom poupador onde não houver antes um bom gastador!

Dinheiro poupado merece respeito: aplique o seu em opções mais dinâmicas!

ERRADO

É triste constatar, mas, como eu já disse, a maior parte dos brasileiros ainda carece de boa educação financeira; especialmente a nossa nova classe média, formada apenas na última década. A maioria gasta mal, deve muito (e em más condições) e, assim, não consegue poupar. Como decorrência, esse brasileiro não está habituado a realizar investimentos, muito menos os frequentes, que é aquela coisa de separar todos os meses uma parte da sua renda para boas aplicações, acumulando as reservas financeiras necessárias para realizar seus principais sonhos de compra e consumo, pagando sempre à vista e com desconto.

SÓ POUPANÇA?

Tentar conquistar seus sonhos através de bons planos de investimento (poupando com disciplina e aplicando bem) pode sair muito mais barato e mais rápido que tentar conseguir as mesmas coisas a poder de dívidas. Abandonar a ideia de que as dívidas são a única maneira de conquistar seus sonhos já é um grande progresso. Mas aí o perigo é debandar para um outro tipo de pensar pobre: "Ah, como eu só tenho meios de investir um valor muito pequeno todos os meses (afinal, sou pobre!), tenho de me conformar com a única opção de investimento que é a surrada Caderneta de Poupança."

E QUEM DISSE?

Nós temos hoje no mercado financeiro brasileiro uma ampla gama de investimentos dinâmicos perfeitamente acessíveis para pequenos investidores que desejam tratar sua grana com maior dignidade. Vamos imaginar que você consiga livrar pelo menos R$ 200 para investir por mês. Faça o seguinte: durante um ano inteiro, deposite R$ 200 mensais na Caderneta mesmo. Ao final de um ano, você terá R$ 2.480, portanto, R$ 80 a mais do que o que foi depositado. Isso dá uma rentabilidade acumulada de 7,5% no ano.

ACHOU POUCO?

Então, mude sua estratégia investidora: pegue metade desse valor (R$ 1.240) e compre um bom título da dívida pública brasileira através do Tesouro Direto. Essa é uma aplicação hipersegura, que já vai lhe pagar algo entre o dobro e o triplo (em termos reais!) do que a velha dama dos investimentos financeiros no país. Não sabe como? Aprender é até bem fácil: leia um bom livro sobre o assunto, dê uma fuçada na internet e você logo descobrirá como. E, se você puder fazer parte da cooperativa de crédito de sua empresa, poderá aplicar com facilidade no RDC — Recibo de Depósito Cooperativo — com segurança, liquidez e rentabilidade muito próximas das oferecidas pelo Tesouro Direto. Informe-se no RH!

QUER AINDA MAIS?

A outra metade da grana acumulada na Poupança (R$ 1.240 restantes) você pode usar para comprar ações de uma grande e sólida empresa privada brasileira, através do sistema *home broker* da BM&FBOVESPA. Ainda é algo muito seguro a longo prazo e pode lhe render tranquilamente seis vezes mais (sim, esta conta está correta, seis vezes mais!) que a Caderneta. Interessa? Pois você pode fazer suas compras de ações com segurança, praticidade e tranquilidade pela internet, sem sair de casa. Mais uma vez, pode parecer difícil para quem não conhece, mas a própria internet pode facilmente lhe ensinar como fazê-lo. É como aprender a andar de bicicleta: quem aprende, jamais esquece!

 VAMOS PROSPERAR!

Poupar dinheiro requer esforço, e esse esforço precisa ser bem recompensado. No Brasil, o pequeno aplicador conta com ótimas opções de investimentos mais dinâmicos. Pode-se começar aplicando na Caderneta e, aos poucos, migrar para aplicações como títulos do Tesouro Direto, RDCs da sua cooperativa de crédito e até mesmo ações de boas empresas negociadas na BM&FBOVESPA!

Previdência privada para seus filhos: deixe algo de valor para eles ainda em vida!

HERDEIRO, SIM!

Na capa da revista de celebridades, vejo o casal bonitão com um bebê de colo, com a seguinte manchete: "Fulano e Fulana apresentam o herdeiro, Fulaninho Jr." Pedante? Talvez não. É verdade que pessoas com patrimônio de muitos milhões deixarão grande herança a seus filhos, enquanto os demais pouco terão a legar. Mas que tal pensar na herança como uma ou mais reservas que você pode acumular para seu filho e lhe entregar ainda em vida? Que tal ajudá-lo financeiramente enquanto você pode curtir o presentão junto com ele?

CARRO

Algumas metas de herança em vida não são impossíveis se você começar seu esforço poupador o quanto antes. Para juntar o equivalente a R$ 25 mil e poder dar a seu filho um carro zero aos 18 anos, você só precisa começar a acumular em um plano de previdência dinâmico assim que ele nascer e terá de investir R$ 87 por mês durante os 216 meses (18 anos) de horizonte poupador. Se começar quando seu filho tiver sete ou oito anos, precisará aplicar R$ 180 mensais por 120 meses (dez anos). Cuidado: se começar só quando seu filho entrar no ensino médio, terá de separar R$ 670 mensais por 36 meses (três anos)!

FORMATURA

Quando seu filho concluir a faculdade, lá pelos 22 anos, que tal lhe oferecer uma boa pós-graduação, talvez até no exterior, ou dinheiro para abrir um negócio próprio, mesmo que pequeno? Para juntar R$ 60 mil e entregá-los a seu filho aos 22 anos, você pode optar por uma aplicação dinâmica (como boas ações) e terá de investir R$ 160 por mês por 264 meses (22 anos). Agora, se iniciar só quando seu filho tiver sete ou oito anos, deverá aplicar R$ 270 mensais por 180 meses (15 anos). Atenção: se deixar para quando seu filho entrar na faculdade, aos 18 anos, terá de separar R$ 930 mensais por 60 meses (cinco anos)!

CASA E QUER CASA!

Que tal ajudar seu filho no casamento, lá pelos 28 anos, ou então lhe dar a entrada de um bom apartamento, livrando-o do aluguel? Para juntar o equivalente a R$ 100 mil e dar-lhe de herança antecipada aos 28 anos, você pode começar a poupar quando ele nascer e terá de investir R$ 190 por mês durante os 336 meses (28 anos). Mas, se começar só quando seu filho tiver sete ou oito anos, aprendendo a escrever, precisará aplicar R$ 310 mensais por 240 meses (20 anos). E se começar apenas quando ele terminar a faculdade, terá de separar R$ 1.270 mensais por 72 meses (seis anos)!

VAMOS PROSPERAR!

É fato que pessoas ricas deixam heranças milionárias. Se você não é rico, mas quer ser próspero e deseja transmitir sua prosperidade a seus filhos, pode se planejar e utilizar a previdência privada para lhes dar algo ainda melhor que uma herança *post mortem*: um bom presente (talvez mais de um) ainda em vida! Fazendo o investimento correto, você o ajudará muito no momento de vida de maior necessidade e ainda poderá curtir junto!

Previdência privada para sua aposentadoria: investindo direito, é prosperidade garantida!

ENTREGUISMO

Mais um lamentável jeito de se pensar pobre: "Como pobre que eu sou, estou inescapavelmente condenado, lá na fase da aposentadoria, a viver com a mísera pensão do INSS." E pior: já que o futuro parece mesmo não ter futuro algum, o imediatismo acaba imperando e a pessoa passa a trabalhar só para bancar seu presente, desencanando do futuro.

IRRESPONSABILIDADE

Ok, sem dúvida a vida é curta e temos que viver (saborear!) o hoje, vibrar muito a cada momento. Mas é uma grande bobagem financeira simplesmente se esquecer do amanhã — ou pior: entregá-lo nas mãos do nosso cruel INSS! Então, para quem não tem muito dinheiro e não quer deixar de viver o momento presente, mas também não deseja relegar seu futuro aos caprichos do destino, já inventaram (aliás, faz tempo) uma interessante solução financeira batizada de previdência privada.

SER PREVIDENTE

Contratar um bom plano de previdência privada pode ser uma excelente forma de parar de pensar pobre hoje, para não ser obrigado a viver pobre no futuro, na aposentadoria. Agora, será que mesmo aplicando uma quantia modesta todos os meses dá para chegar a um pé-de-meia razoável? Muita gente até considera a hipótese de começar a fazer um plano de previdência, mas acaba desanimando, desconfiando de que sua capacidade de Poupança e investimento mensal seria limitada demais, que aquele pouquinho todo mês não resultaria numa reserva significativa para a aposentadoria.

DE GRÃO EM GRÃO

Vamos imaginar um profissional que ganhe R$ 1 mil por mês. Se estiver disposto a investir R$ 100 mensais em um bom plano de previdência privada com perfil dinâmico, fazendo isso dos 25 aos 65 anos, terá acumulado para sua aposentadoria uma reserva de cerca de R$ 100 mil corrigidos em valores da época. Para cada R$ 100 mil que deseja colher no futuro, é só "plantar" R$ 100 mensais desde já. Quer R$ 1 milhão? Se tiver condição de colocar R$ 1 mil por mês (e muitos profissionais financeiramente bem organizados felizmente chegam a ter!), você chegará lá!

ESCOLHAS

Há dois jeitos de zelar por seu futuro: o jeito do vidente e o do previdente. Quem prefere o caminho do vidente, que vá logo se consultar com uma cigana e torça para as cartas serem generosas. Ou... seja previdente, procure hoje mesmo o gerente do banco para fazer um bom investimento em uma previdência privada. Entre a bola de cristal da cartomante e a calculadora financeira do gerente, sem dúvida, eu prefiro apostar na segunda para garantir minha prosperidade duradoura.

VAMOS PROSPERAR!

Você pretende mesmo entregar sua qualidade de vida na terceira idade aos cuidados do nosso INSS? É rir para não chorar... Mas não precisa chorar, não: bom senso, esforço poupador e previdência privada podem resolver o que a previdência do governo nunca resolverá: o desafio de lhe garantir uma vida digna na aposentadoria!

6
GANHAR JUROS

Só subestima o importante poder multiplicador dos juros ganhos em boas aplicações financeiras quem não faz a conta certa dos juros compostos. Os juros mensais pagos nas várias modalidades de investimento disponíveis no Brasil podem até lhe parecer muito pequenos se observados para o horizonte de um único mês. Os 0,60% de rentabilidade mensal da Caderneta de Poupança, por exemplo, parecem mesmo incapazes de engordar seu capital... assim como diminutas gotas d'água parecem não ter a capacidade de fazer um balde transbordar. Mas, se você aplicar meros R$ 140 durante 45 anos — ou seja, ao longo de sua carreira profissional —, ao final desse período, os juros acumulados sobre juros da Caderneta de Poupança os terão transformado em R$ 100 mil (corrigidos para a época). E isso na Poupança, que é a mais conservadora das aplicações financeiras!

Juros são uma maravilha multiplicadora... desde que seja para ganhá-los, não pagá-los!

O MILAGRE DA MULTIPLICAÇÃO DOS COBRES

Quem planta colhe. E colhe sempre mais do que plantou. A mesma lei da natureza que vale para todo tipo de cultura agrícola, e para toda sorte de atividade multiplicadora da natureza, aplica-se igualmente ao dinheiro. Portanto, embasado nesta mesma infalível lei de prosperidade, o consumidor com mentalidade de investidor providencia para seu dinheiro uma boa aplicação financeira com a qual possa contar com o poder multiplicador do juros ganhos a seu favor:

1. Ele abre mão de consumir todo o seu dinheiro quando o recebe, ou seja, sabe economizar e poupar uma parte do que ganha, visando engrossar o caldo e ter mais para gastar lá na frente.
2. Ele decide apostar proativamente no futuro, optando por investir.
3. Ele escolhe uma boa aplicação: segura, líquida e rentável.
4. Ele sabe ser paciente, sabe dar o devido tempo ao tempo para poder ganhar ainda mais com juros acumulados sobre juros.

GANHAR OU PAGAR?

A mesma lei da cumulatividade na multiplicação do dinheiro que rege os juros que pagamos em nossas dívidas (e que nos empobrecem!) governa também os juros que ganhamos em nossos investimentos (que nos enriquecem!). Apesar disso, eu ainda observo muita gente se queixando da mera existência dos juros sobre juros e sei bem o porquê. Acontece que a pessoa toma emprestado R$ 1 mil no cheque especial, vai rolando essa dívida mês após mês, vai deixando acumular juros sobre juros (à base de 8% ao mês), e depois de apenas dez meses, mesmo que não tenha tomado sequer R$ 0,01 adicional do especial, já estará devendo R$ 2 mil!

TRISTEZA...

Por essa dinâmica, a dívida terá dobrado de valor em menos de um ano, e a explicação estará justamente nos juros compostos, aqueles que foram se acumulando sem ser pagos e que, portanto, se acumularam uns sobre os outros e assim fizeram a dívida dobrar por inescapável inércia cumulativa. E você acha isso incorreto? Pois questione a taxa de 8% ao mês, se quiser (de fato, é elevadíssima). Porém, não queira questionar o princípio dos juros compostos que está por detrás desta dívida. Ou de qualquer dívida.

O LADO DOURADO

Mais importante é lembrar que o princípio dos juros compostos vale para as dívidas, sim, mas vale também para os investimentos (vale para qualquer conta envolvendo dinheiro ao longo do tempo). Se aplicar R$ 1 mil hoje na Caderneta de Poupança e não depositar mais nada lá, somente por conta dos juros acumulados sobre juros você terá direito a resgatar mais de R$ 2 mil daqui a dez anos (imaginando uma taxa de juros ganhos em torno de 0,60% ao mês).

DOIS PESOS

Neste momento, você pode me questionar: "Que injustiça! Se fico devendo R$ 1 mil hoje no cheque especial, terei que pagar R$ 2 mil em menos de um ano! Mas se invisto R$ 1 mil na Poupança, levarei dez anos para ter R$ 2 mil!" Ok, existem nos dois lados desta moeda uma lamentável desproporção, eu também acho, mas cabem aqui duas considerações importantes:

1. **Qual lado?** Uma vez que é assim, na pele de quem você prefere estar? Na esfolada pele do devedor, que sofre com o efeito devastador dos juros sobre juros de uma taxa elevada, espremendo seu dinheiro e achatando seu poder de compra, ou na pele do investidor, que se beneficia paulatinamente (mas se beneficia!) de uma taxa que mesmo não sendo nenhuma maravilha de outro mundo, acaba pondo mais dinheiro no bolso do que aquilo que se aplicou?
2. **Tem melhor!** Outra coisa: se você não gosta da Poupança e de sua rentabilidade pouco atraente, pode muito bem tentar uma aplicação mais dinâmica, perfeitamente acessível até mesmo para pequenos aplicadores. Os mesmos R$ 1 mil investidos em uma boa ação de uma boa empresa brasileira, comprada pela internet através do sistema *home broker* da BM&FBOVESPA, teriam provavelmente se transformado em algo próximo de R$ 2 mil após apenas sete anos, portanto, três anos antes do que o investidor levaria na Caderneta.

ABRACE OS JUROS COMPOSTOS

Então, ficamos acertados: você não perderá seu tempo reclamando dos juros sobre juros. Você jamais terá como revogar esta inescapável lei da natureza e das finanças. Sendo assim, alegre-se porque ela existe, porque ela pode ajudá-lo a enriquecer. Basta se planejar para evitar as dívidas, fazer bons planos de investimentos e colocar a inegável força dos juros compostos para trabalhar a favor da sua riqueza e da conquista dos seus grandes sonhos de compra & consumo. Os juros compostos podem — e devem! — ser uma poderosa alavanca na conquista de sua prosperidade duradoura.

VAMOS PROSPERAR!

Conheça de perto o poder multiplicador do dinheiro contido nos juros compostos, os juros ganhos sobre juros. Quem conhece vira freguês nos seus investimentos e com uma incrível vantagem: para rapidinho de pagar juros compostos nas suas dívidas. É... conheça a verdade e ela te libertará!

Vai comprar um carro novo? O jeito é parcelar... mas ganhando juros, não tendo de pagar por eles!

EM FATIAS

Muitos acreditam que bens de valor mais elevado... bem... fazem do parcelamento algo inevitável. E isto está correto, mas não é o mesmo que dizer que, neste caso, fazer uma nova dívida será algo inescapável. No entanto, nada como um exemplo para ilustrar o raciocínio.

NA PONTA DO LÁPIS!

Imagine a compra de um automóvel 1.0 basicão, que hoje é oferecido nas concessionárias por R$ 25 mil. Pouquíssima gente conseguiria tirar esse valor de R$ 25 mil do "salário do mês", certo? E quem poderia mesmo fazê-lo certamente desejará um carro de categoria bem distinta. Portanto, para quem quer de fato ter tal carro na garagem, há duas opções para efetuar a compra e ambas apresentam algo em comum: o parcelamento.

DÍVIDA PARCELADA

A primeira opção é levar o carro para casa agora, dando 10% — R$ 2.500 de entrada — e financiando os R$ 22.500 restantes com juros "baixinhos" de 1,99% ao mês (condição de mercado). Por este plano, o comprador pagará sessenta prestações de R$ 650 durante cinco anos, resultando em um custo total de R$ 41.500 para se adquirir o tal veículo por causa do acréscimo de juros de R$ 16.500 sobre o preço original de R$ 25 mil. Isso dá dois terços de um outro carro a mais!

PRÉ-PARCELAMENTO

A opção financeiramente mais inteligente, a forma mais próspera de comprar esse automóvel, é pegar os R$ 2.500 que seriam dados na entrada (e que estão à disposição) e aplicá-los imediatamente na Caderneta de Poupança, passando, a partir daí, a aplicar mais R$ 650 por mês durante 31 meses (dois anos e meio), o mesmo valor da parcela do financiamento. O custo deste plano de investimento para o comprador terá sido de R$ 22.650, ou seja, R$ 2.500 (entrada) + 31 parcelas de R$ 650. Com o rendimento de R$ 2.350 de juros acumulados, a reserva irá para R$ 25 mil.

FEITO!

Assim, será possível acumular a bolada suficiente para comprar o mesmo carro à vista, em *cash*, pelos mesmos R$ 25 mil, passados apenas os dois anos e meio do período de acumulação. Reconheço que será um tempo a mais andando de busão, mas a recompensa vem: depois do sacrifício, o comprador terá um carro completamente quitado em mãos! E na metade do prazo de quem optou pelo financiamento — a via da dívida —, que lhe cobra juros em vez de pagá-los a você e ajudá-lo a conquistar o que deseja!

DÁ CERTO?

O potencial comprador que simpatizou com este plano pode até me questionar: "Mas até lá, o carro já terá subido de valor, não custará mais os mesmos R$ 25 mil de hoje..." Pois é aí que a gente se engana. Quando falamos em R$ 25 mil hoje, estamos nos referindo ao preço de tabela do momento, porque se for para pagamento à vista, em dinheiro vivo, o carro sairá fácil, fácil por R$ 23 mil; quem sabe até um pouquinho menos...

AUMENTA... SÓ QUE NÃO!

Seguindo o mesmo raciocínio, daqui a dois anos e meio o valor de tabela deste carro deverá ser de fato mais alto, algo como R$ 27 mil ou R$ 28 mil. No entanto, o valor efetivo para compra à vista, em dinheiro, será de, no máximo, exatos R$ 25 mil que o comprador terá se planejado para deles poder dispor. O negócio vai dar certo, sim. E provavelmente já será um veículo do modelo novo.

VOCÊ DECIDE!

Ou compra o carro já, e depois amarga o pagamento de R$ 650 mensais por longos cinco anos, ou então espera por apenas metade (metade!) deste prazo, com idêntico sacrifício poupador mensal de R$ 650, mas levando o carro quitado na metade do tempo, dois anos e meio antes do necessário para matar o financiamento. A diferença está na escolha entre *pagar* juros na dívida do financiamento ou *ganhar* juros na aplicação financeira. Qual você acha que é o caminho mais indicado para garantir sua prosperidade duradoura?

VAMOS PROSPERAR!

Quer pagar metade ou o dobro? Depende de que lado dos juros você se posicionará quando desejar adquirir um bem de valor mais elevado: 1) do lado de quem paga juros na dívida de um financiamento; 2) do lado de quem ganha juros em um bom plano de investimentos. Faça a escolha certa: você conquistará muito mais com muito menos!

7
COMPRAR À VISTA

Dê um basta nessa história de fazer suas compras todas na base do carnezinho, do parcelamento, da pendura, da dívida. Bancos e financeiras adoram que você pense pobre assim porque vivem de alugar dinheiro para você (cobrando juros altíssimos!), mas seu bolso sofre. Junte antes e leve para casa quitado: esse aí será seu, ninguém tasca! Para isso, talvez você precise se planejar melhor: primeiramente, investigar direito qual é o verdadeiro menor preço de mercado daquilo que deseja adquirir. Depois, você irá distribuir o esforço poupador por um certo número de meses planejados e assim fatiar seu sonho de consumo em suaves prestações, até que tenha a grana pronta para levar pagando no ato. Com um pouco de organização você consegue, sim, não deixe ninguém lhe dizer que não!

Quero para já! Esperar e investir não compensa!
Ou... jamais abra mão de poder comprar à vista!

DUAS VIDAS, DOIS DESTINOS

Eis aqui um episódio da Série Zé & Mané (qualquer semelhança com a vida real não será mera coincidência). Zé e Mané são dois amigos que trabalham na mesma empresa, têm o mesmo cargo e ganham exatamente o mesmo salário. Teoricamente, ambos têm igual poder de compra, já que seus ganhos mensais são idênticos. Mas... poder de compra não depende só de quanto entra na conta bancária todos os meses; tem muito mais a ver com a forma como você despacha o dinheiro rumo a decisões de gastos e compras. O "segredo" não está tanto nas entradas — está mais nas saídas!

APLICAR NÃO COMPENSA

Zé e Mané são jovens, gostam de artigos de tecnologia, de ponta. Nada de errado com isso, a gente trabalha e ganha dinheiro nesta vida para poder ter as coisas boas. Ambos vêm pensando em comprar um smartphone ultramoderno. "Eu já fui ver, Zé. O modelo top que a gente quer está saindo por dez parcelinhas sem juros de R$ 99,90! Vamos hoje lá comprar?" Zé explica ao amigo Mané que antes de tomar sua decisão precisa fazer algumas contas. Ele esclarece que está pensando em aplicar um tanto todos os meses (os mesmos 99,90 da prestação), ganhar juros e juntar o dinheiro todo, para depois comprar à vista, como sempre gosta de fazer. "Mas o que é isso, Zé? A aplicação paga uma merreca por mês! Aplicar não vale a pena, não!"

PESQUISA

Bem... Zé sabe que toda decisão de compra sábia envolve uma providência simples, porém importante: descobrir o verdadeiro preço do que se vai comprar, mesmo quando ainda não se tem a grana pronta para adquirir pagando à vista. Pesquisando em diferentes lojas, Zé encontra aquele mesmo smartphone que Mané havia "garimpado" por dez parcelas de R$ 99,90 — totalizando R$ 999 —, só que pelo preço bem menor de R$ 800, se for para pagamento no ato. O verdadeiro preço do aparelho não é, portanto, os quase R$ 1 mil pedidos no "parcelamento sem juros", mas R$ 200 a menos.

PRECIPITAÇÃO *VERSUS* PLANEJAMENTO

Mané não resistiu e comprou o aparelho parcelado no impulso. Ficou feliz com a aquisição, embora nem tanto com o carnê de dez folhinhas... Já o plano de Zé é aplicar R$ 100 por mês na Poupança. Ele sabe que não ganhará muito de juros — cerca de R$ 30 ao final dos oito meses. Mas sua cabeça não está apenas nesse pequeno ganho de juros, e sim na grande vantagem financeira do desconto para quem estiver disposto a comprar à vista. No total, ele planeja "ganhar" R$ 230 com esta esperta jogada.

DESFECHO

Seis meses depois, Zé já tem R$ 620 aplicados. Mané, porém... bem... no momento, se encontra, em suas próprias palavras, "em grande dificuldade financeira". Para ajudá-lo, pediu ao amigo Zé que compre seu celular (que ainda está novíssimo) por R$ 500. Pagos à vista, em *cash*, é lógico. Zé topa e liga para sua namorada: ainda tem R$ 120 livres para levá-la ao restaurante! É... é dos financeiramente mais inteligentes (e mais prósperos) que elas gostam mais!

VAMOS PROSPERAR!

Quem não se planeja para juntar, ganhar juros e comprar à vista e com desconto acaba tendo de apelar precipitadamente para os parcelamentos, normalmente, com juros embutidos. E assim, de decisão errada em decisão errada, o poder de compra efetivo do dinheiro vai se corroendo. Não deixe a ansiedade de consumo devorar seus preciosos cobres. Para ganhar não está fácil: vai facilitar para perder?

Quase toda compra parcelada com "juro zero"! Comprando à vista você "se inclui fora dessa"!

NEGOCIÃO?

Todo comerciante sabe que pouca gente tem dinheiro disponível no bolso para comprar à vista uma TV de LED, uma geladeira com água gelada na porta, um notebook ou qualquer bem de várias centenas ou alguns milhares de reais. Para viabilizar a venda, portanto, surge a proposta do parcelamento em tantas vezes "sem juros". No país que costuma praticar os juros reais mais elevados do planeta, dá para acreditar que essa proposta não tenha juros, mesmo? Não se iluda sem perguntar à ponta do lápis!

TUDO ÀS CLARAS

Qual o verdadeiro preço do bem que você pretende adquirir? Quanto ele vale de verdade? Você só saberá o real valor de uma mercadoria depois que fizer uma pesquisa em três diferentes centros comerciais (no shopping perto da sua casa, naquele outro perto do trabalho e na rua de comércio lá do bairro), batendo à porta de pelos menos três diferentes lojas em cada local, num mínimo de nove lojas pesquisadas. A pergunta deve ser: "Qual o menor preço para pagamento à vista?"

À VISTA, "NO ARREPIO"!

Pergunte desse jeito aí, bem objetivo, ainda que sua intenção não seja exatamente pagar à vista. Não é disso que se trata, agora. Acontece que só assim você descobrirá o menor preço de mercado daquele produto, que é o verdadeiro preço do bem em questão. Afinal, quem, em sã consciência, pagaria mais caro por um produto que se vende logo ali por menos? Só alguém que estivesse mal informado, iludido nos cifrões.

NA PONTA DO LÁPIS!

O smartphone top de linha é oferecido por 12 parcelas de R$ 199,90 (R$ 2.398,80 no total). Pesquisando o preço à vista, vamos imaginar que você encontre o aparelho numa determinada loja por R$ 1.990. A conta (arredondada) é clara: R$ 2.400 parcelados — R$ 2 mil à vista = R$ 400 de juros embutidos. Você acaba de desvendar o valor dos juros embutidos na compra parcelada, originalmente ofertada "sem juros": quase 20% do valor do bem! Deseja mesmo pagar este valor extra para levar para casa já?

TEM UM JEITO NÃO EMPOBRECEDOR...

Quem preferir investir os R$ 199,90 na Poupança por dez meses terá então juntado R$ 2 mil mais os "jurinhos" do período, conquistando o total necessário para comprar à vista e com desconto e ainda livrando algum. Está aí a receita: esperar dez meses, levar o smartphone para casa sem carnê (quitadinho!) e se livrar da obrigação de duas prestações de R$ 199,90 (11ª e 12ª do crediário), numa economia total de R$ 400, sem contar os juros ganhos na aplicação.

MAS VAI DAR PARA COMPRAR?

No entanto, será que, em um país como o nosso, dez meses depois a mercadoria vai custar o mesmo preço? Oras, nem tudo encarece assim, da noite para o dia! Penso que é grande a chance de o preço ser o mesmo, sim. Em um período relativamente curto como este (menos de um ano), bens de maior valor como uma geladeira, um computador, um celular desses mais sofisticados ou uma TV de LED não devem ficar mais caros. Há muita concorrência nesses mercados: o mais provável é que o preço até baixe ou se mantenha, mas já para um modelo mais evoluído.

PARANOIA DE CONSUMO

Aliás, vale o alerta: dê um jeito de aliviar a pressão consumista que tem cada vez mais contagiado a propaganda e o nosso ambiente de compras. Penso que o mundo não vai acabar. Portanto, sem neuras de que uma compra precisa ser feita imediatamente, senão o preço aumentará, o desconto cairá, o estoque zerará e a "maravilhosa oportunidade de compra" deixará de existir. Como sempre me disse seu Atilio, meu sábio pai: "Se você perde um boa oportunidade de compra, mas continua preparado, logo, outra melhor virá." E vem... sempre vem.

 VAMOS PROSPERAR!

Quer transformar os juros normalmente embutidos naquela compra ofertada com "juro zero" em desconto efetivo para dentro do seu bolso? Basta se organizar para juntar o dinheiro aos poucos, visando comprar à vista. Assim que tiver a grana pronta, pesquise e pechinche até conseguir o menor preço. Há como duvidar que o consumidor consciente, que adotar esta postura como hábito financeiro, chegará muito mais longe no caminho da prosperidade duradoura?

8
BATALHAR DESCONTOS

Se você acumulou uma reserva para ter dinheiro vivo em mãos visando a compra à vista, agora, brigue por um bom desconto e ele virá. Dinheiro na mão é poder de compra, então, faça valer o seu! Na hora de comprar, se tiver a grana pronta e a precaução de pesquisar e pechinchar, tomando o cuidado de não encanar com um produto específico, de uma loja ou marca específica, você sempre poderá encontrar um ótimo negócio pagando à vista e com desconto. Dê preferência, portanto, aos produtos genéricos, porém, de boa qualidade: uma calça preta de corte clássico, por exemplo. Pode ser desta ou daquela loja/marca, com este ou aquele tecido/corte... desde que lhe seja ofertada pelo menor preço à vista, com o maior desconto.

Os ricos gostam de pechinchar... e você?

CRITÉRIOS

Diferentemente das mirabolantes histórias relatadas (e das exuberantes fotos estampadas) nas revistas de celebridades, os ricos inteligentes não têm o hábito de nivelar tudo por cima em seu padrão de consumo. Bem, eles são ricos, e, como tal, podem ter acesso a determinados bens de consumo (ou serviços) que são inatingíveis para a maior parte da população, é verdade. Mas nem por isso detonam seus gastos sem critério; pelo contrário: eles costumam escolher muito bem quando decidem enfiar a mão mais fundo no bolso. Ricos costumam ser seletivamente extravagantes em seu padrão de consumo. E gostam de fazer bons negócios, gostam de tudo *off*.

EXTRAVAGÂNCIA PLANEJADA

O rico pode até ter um apartamento em Miami (muitos têm!), mas ele arremata as passagens aéreas com milhas que acumulou no cartão de crédito internacional. O rico pode até pedir um vinho caro no restaurante fino (vários deles têm paladar experimentado), mas já vi muito rico enjeitando a sobremesa por achar "caro demais". O rico compra ternos de tecido italiano e fino corte, mas, se emagrece ou engorda, manda o alfaiate ajustar, em vez de passá-lo para a frente e comprar outros.

UM LUXO... E UMA PECHINCHA!

O rico até gosta de dar joias para a esposa em datas comemorativas, mas, em vez de comprar naquela loja de grife do shopping, prefere adquiri-las daquele joalheiro de boa reputação que atende em domicílio, a portas fechadas. Além de vender produtos de design exclusivo e de ser muito mais discreto e seguro, o joalheiro delivery faz um "precinho mais camarada". E quando o rico vai comprar carro de luxo, então? Dá-lhe canseira no vendedor, que, se bobear, de tanto desconto acaba sem margem!

GAROTOS ESPERTOS!

Rico que é rico, entenda, não é rico porque é trouxa: se não for ladrão (aí já é outro departamento), pode apostar que é rico porque é esperto, no melhor sentido da palavra: sabe dar o devido valor ao dinheiro na hora de negociar. Ricos não têm pressa para fechar negócio: antes mesmo da satisfação de comprar algo muito bom, o que lhes dá até mais prazer ainda é fazer uma boa compra, um negocião... com um descontão! Afinal, ricos verdadeiramente prósperos buscam duas alegrias: 1) comprar o que desejam; 2) fazer negócios invejáveis, pagando bem abaixo do preço, como levar mais por menos, *tirar leite de pedra* e *minhoca de asfalto*!

SERENIDADE, PISSÍTI!

Ricos que pensam rico odeiam dívidas, adoram pagar à vista, não têm vergonha de pechinchar, não têm pudor de espremer desconto e não têm pressa de comprar. Afinal, eles têm a segurança e a tranquilidade de que a grana (e o poder de compra da grana) está em suas mãos. Ricos espertos jamais se torturam com a tola autopressão de consumo: mais hora, menos hora, o descontão sairá. E o negócio sairá. A favor do seu bolso e da sua prosperidade, é lógico.

VAMOS PROSPERAR!

Pesquisar, comparar, pechinchar, pedir desconto e "espremer" os vendedores: nada disso é coisa de pobre! Muito pelo contrário: os ricos a-do-ram usar estas estratégias. Isto porque todo rico esperto gosta de ter sempre duas alegrias ao fazer suas compras: 1) levar para casa exatamente o que deseja; 2) negociar bem até a exaustão, garantindo a melhor mercadoria pelo menor preço, conseguindo bons descontos que valorizam cada centavo do seu dinheiro!

Vergonha de pechinchar: você ainda tem, é?

RICO SEM-VERGONHA!

Uma das piores formas de pensar pobre é ter receio de pechinchar nas suas compras. Pode reparar se rico tem vergonha de pechinchar: de jeito nenhum! Não importa o que o rico for comprar — de automóvel a batatas na feira —, ele chora, regateia, aperta de lá e de cá, só falta brigar para conseguir mais barato. Pior: às vezes, o rico acaba não levando a mercadoria ao final dessa legítima peleja mercantil; parece que só faz mesmo para exercitar-se e ficar mais afiado na arte de pechinchar e pedir desconto.

BOCHECHAS CORADAS

Todavia, quem pensa pobre costuma fazer o oposto: paga exatamente o quanto lhe pedem e não pechincha em hipótese alguma. Se por acaso achar caro, disfarçará e dará um jeito de sair de fininho da loja. Simplesmente vai embora, joga a toalha, sem coragem de discutir o preço com o vendedor. Quanto a mim, os de "bolso tímido" que me desculpem: estou plenamente convencido de que pechinchar é indispensável. Com certeza, faz parte!

ESTÁ NO PREÇO

A cultura capitalista traz naturalmente embutida em sua dinâmica comercial o raciocínio de se pedir pelo produto um preço que é maior na largada da negociação. Isso, justamente, para poder dar margem ao comprador de negociar, até se chegar a um preço que esteja bom para os dois lados. Assim, consolida-se um negócio comercialmente vantajoso para ambas as partes, (final feliz!). Esse processo é natural: ignorá-lo é sinônimo de deixar de aproveitar boas oportunidades financeiras.

COM ÉTICA

O "pechinchador profissional" é aquele que vive bem informado dos preços de mercado e procura sempre dobrar o fornecedor para levar a mercadoria pelo menor preço. Não se deve fazer isso por mero deleite sádico, só para espezinhar o vendedor, mas pechinchar ajuda a extrair o melhor valor possível de cada centavo gasto. Verdadeiros bons negócios têm que ser bons tanto para quem compra quanto para quem vende, então, não vale "esfolar" a outra parte. Isso seria lucrativo do ponto de vista estritamente comercial, mas péssimo do ponto de vista ético. Agora, pechinchar com ética... isso sempre! O desconto que é do homem, o bicho não come!

POR QUE A VERGONHA?

Vergonha é levar para casa e depois não poder pagar, oras! O consumidor que pechincha mas compra — e paga! — gera empregos, gera lucros, faz a economia girar e, portanto, tem direito de barganhar, buscando dar o devido valor para seu suado dinheiro. Por acaso foi fácil ganhá-lo? Na hora de gastar, não pense pobre: abandone a vergonha, pechinche, ganhe bons descontos, faça excelentes negócios e aproxime-se cada vez mais da prosperidade duradoura!

VAMOS PROSPERAR!

Vergonha de pechinchar é para os fracos! Pelo menos é isso que acaba acontecendo com seu bolso: ele enfraquece um pouquinho cada vez que você marca bobeira e perde a oportunidade de comprar por menos, por pura falta de prática na arte de barganhar!

Aí o anúncio mostra um superdescontão: será um grande negócio... ou mera ilusão?

COELHO NESSE MATO

Meu querido pai, o seu Atilio, um sujeito particularmente sábio e muito vivido, me ensinou a ser positivamente desconfiado. Eu era ainda moleque quando ele me explicou que se você está diante de um negócio aparentemente irrecusável e não entende direito como o negócio consegue ser tão bom assim, desconfie. O que dizer de descontos de até 80%? Por que alguém venderia algo tão barato assim? Antes de abrir a carteira, assinar o chequinho ou esfregar seu cartão na maquininha, faça uma investigação.

TRUQUE

Imagine uma rede comercial de artigos de informática que adotava o valor de tabela de R$ 100 para um certo item vendendo-o normalmente com 10% de desconto, a R$ 90. A rede pretende aderir a uma megaliquidação geral que ocorrerá na próxima sexta-feira. Então, hoje mesmo, reajusta o preço de tabela para R$ 180. Ficará uns dois dias sem vender, é verdade, mas, na sexta, oferecerá um desconto de 50%, o que fará a mercadoria retornar aos R$ 90... e rasgará de vender!

QUE FEIO!

Qualquer semelhança com práticas amplamente adotadas na última Black Friday brasileira não é mera coincidência. Aliás, eu que não entendia o antipático nome adotado (mais um modismo levianamente importado dos EUA, bem fora do nosso contexto sociocultural), agora, entendi: é *"black"* porque induz o comprador a embarcar "no escuro", sem enxergar o (mau) negócio que está fazendo!

ILEGAL

A prática de inflar os preços para depois ampliar a porcentagem dos descontos sem de fato baixar tais preços (ou baixando muito menos do que sugere a magnitude do desconto) é vedada pelo Código de Defesa do Consumidor. O artigo 6º, em seus parágrafos III e IV, deixa claro que são direitos básicos do consumidor: a informação adequada e clara, inclusive sobre preços, bem como a proteção contra a publicidade enganosa e abusiva, métodos comerciais coercitivos ou desleais.

IMORAL

No universo dos megadescontos, nem todos são fora da lei. Também há esquemas "apenas" imorais. Veja a coleção de verão da roupa de grife: no lançamento da estação, o preço de tabela da blusa *fashion* é de R$ 599; agora, ela está sendo vendida com 20% de desconto a R$ 479,20 (ainda caríssima!). Compradoras mais afoitas e destemidas no uso do dinheiro levam para casa no ato. Começa a fazer calor, entra a "liquidação" com desconto de 80% e o preço cai para R$ 119,80. Afinal, o preço justo! Desconto bom não é desconto "com muitos porcentos": é o desconto que faz a mercadoria ficar no seu preço justo ou, de preferência, abaixo disso.

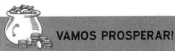 

VAMOS PROSPERAR!

Porcentagem grande nunca foi — nem será — sinônimo de desconto bom! Fique atento ao verdadeiro preço da mercadoria para poder avaliar se o desconto oferecido numa promoção é realmente compensador, se a proposta de abatimento no preço do produto o faz ficar de fato mais barato que de costume. Em caso afirmativo, pode arrematar que a oferta é boa!

Descontos de até 80%: o que explica o "milagre" do "quase 100%" *off*?

QUANDO A ESMOLA É DEMAIS...

Como entender o que está por trás da oferta de descontos que chegam a 80%? Afinal, como é que alguém pode, simplesmente, abrir mão de até 80% do seu alvo de faturamento? Você estaria disposto a trocar seu atual emprego por outro que lhe permitisse "faturar" apenas 20% do que ganha hoje? O que justificaria um lojista ter semelhante comportamento com os ganhos dele?

ILEGAL OU IMORAL

Por trás do megadesconto não raro, há uma prática ilegal ou imoral da parte do lojista (o consumidor esperto deve cuidar de se incluir fora dessa!). Felizmente, nem sempre é assim. Existem outros motivos perfeitamente lícitos para explicar — e justificar — descontos de magnitude tão impressionante. Nestes casos, o consumidor deve saber "ler" a boa oferta que está diante de si para não desconfiar à toa e acabar inclusive perdendo uma boa oportunidade de compra.

CHAMARIZ

Sabemos que comércio bem-sucedido é comércio que agita, que chama o comprador para dentro da loja e não o deixa sair de lá sem sacolas cheias. Para isso, mesmo que a loja tenha um apelo natural de preços sempre baixos (como é o caso dos hipermercados, por exemplo), ainda assim serão necessários os chamados produtos-chamariz. Falo daquelas mercadorias terrivelmente baratas que irão chamar compradores para dentro do estabelecimento, assim, reforçando a venda dos demais produtos oferecidos. Isso existe, sim, e, nestes casos, o megadesconto é sinônimo de excelente compra.

MEGALOTES

Grandes redes varejistas costumam negociar com seus fornecedores lotes gigantescos de um determinado produto a preços realmente muito baixos. Para reforçar sua estratégia, uma rede pode decidir revendê-los sem lucro algum e, em certos casos (mais raros, mas existem), até abaixo do custo. A coisa funciona como uma estratégia de marketing da marca, sinalizando a seus potenciais consumidores que aquele estabelecimento pratica preços realmente baixos, imbatíveis! A boa impressão cola, a loja fica cheia e as prateleiras vão se esvaziando... não só as das superofertas, mas da loja inteira.

PONTA DE GRADE

Também existe a questão da limpeza do estoque para explicar descontos-monstro. Lojas de roupas e calçados, quando adquirem uma determinada linha do fabricante, levam grades completas com toda a numeração, do P ao GG, do 37 ao 44. Naturalmente, alguns itens das pontas acabam sobrando no final da estação e a loja precisa liberar espaço no estoque e nas prateleiras, para renovar a coleção. Por isso, a camisa de homem P ou o sapato feminino 44 podem ser vendidos com descontos de até 80%. Serve para você? Oras, agarre logo este descontão e boa compra!

 VAMOS PROSPERAR!

Descontos de porcentagens surpreendentes costumam ser enganação do comércio para fisgar consumidores desavisados. Mas há casos em que os incríveis abatimentos podem ser verdadeiros: se você estiver ligado e entender o real motivo por trás da promoção, saberá avaliar se ela de fato traz descontos genuínos. E aí... é abrir a carteira sem medo de ser feliz!

Não lhe dão desconto à vista? Então, vá de genérico, oras!

PAIXÃO NA VIDA AMOROSA

Bem que a mãe de Mariazinha a alertou: "Quando for casar, minha filha, procure um rapaz respeitoso, amoroso e trabalhador. Alto ou baixo, gordo ou magro, rico ou pobre, isto é o de menos." Mas conselho de mãe, aparentemente, existe para ser ignorado no momento (e venerado, depois!). Mariazinha encanou com o Juquinha. Tinha pretendentes bem melhores, mas ninguém servia para ela, só o Juquinha. Cioso disso, o rapaz se aproveitou desta irracional predileção e fez a moça sofrer um bocado até conseguir finalmente arrastá-lo ao altar.

PAIXÃO NA VIDA DE CONSUMIDOR

Então, você quer muito uma determinada calça da moda. Tudo bem, que mal há em andar bem-vestido? Mas, daí, você diz a todos que só vale se for especificamente daquele modelo assim ou assado. E tem de ser preta, de um tecido específico. Ah, sim: também tem de ser exclusivamente daquela grife, comprada naquele shopping! Bem... está claro que você encanou com *aquela* calça. Só há um probleminha: a loja está pedindo os olhos da cara e não dá desconto à vista. Você chora, ajoelha, mas... "Ah... nesta aqui não dá para tirar nada!"

ENTÃO PAGA, UAI!

Em sua vida de consumo, a dinâmica da paixão é a mesma: encanou, pagou o preço. Sempre que encasquetar com um produto específico, de uma certa marca, comprado especificamente naquela loja, daquele centro de compras específico, terá de pagar o quanto lhe pedirem. Pior: se não lhe derem desconto à vista, terá de engolir o preço cheio porque a vantagem financeira de parcelar é ridiculamente pequena e você sabe que várias parcelinhas amontoadas atrapalham muito o controle do orçamento.

QUER DESCONTO?

Este jogo pode ser bem diferente para quem estiver disposto a comprar um produto genérico. Não estou falando de genérico de segunda categoria, não! Afinal, qualidade é bom e eu também gosto! Estou sugerindo que antes de sair pesquisando preços, você defina, em termos gerais, o que de fato quer: uma calça mais ou menos assim, que pode ser de tais e tais cores, que também pode ser desta, daquela ou daquela outra grife (talvez até sem grife!), e que pode ser comprada onde for, desde que lhe façam o menor preço à vista, ou seja, desde que lhe deem o melhor desconto efetivo.

GENÉRICO!

Toda vez que estiver procurando um produto genérico de qualidade, seu leque de opções de compra se ampliará, dando-lhe condições de adquirir diferentes ofertas. Você, certamente, encontrará algo que lhe agradará bastante, pelo menor preço à vista. Sendo assim, desapegue-se de suas tradicionais encanações como consumidor e aproxime-se do caminho da prosperidade duradoura. Em tempo: no segundo casamento, logo após o divórcio da união de seis meses com Juquinha, Mariazinha soube ser flexível e escolheu "um bom genérico", conforme a orientara sua mãe: ela e Joãozinho estão casados (e felizes!) até hoje.

 VAMOS PROSPERAR!

Se você conseguir se posicionar de forma flexível quanto ao que verdadeiramente deseja em termos de características de um determinado produto, quanto a modelo, materiais, marca e local de compra, na certa encontrará a melhor oferta pelo menor preço à vista. É só pesquisar e comparar!

9
APROVEITAR TUDO

Se você chegou até este passo dos *10 Mandamentos da Prosperidade* fazendo a coisa certa, está na hora de saborear suas conquistas. Dinheiro foi feito para gastar, e gastar comprando qualidade de vida! A vida é curta, passa rápido, e tem de ser bem aproveitada. Quem planeja e controla as finanças pessoais com responsabilidade consegue tomar decisões financeiras com maior tranquilidade, equilíbrio e chance de acerto. Na prática, consegue viver com maior intensidade no presente e também o fará no futuro. Isso porque o bom planejador é bom gestor da sua grana, mesmo que porventura tenha menos dinheiro, maneja-o com mais educação financeira, o que lhe permite realizar muito mais e, na prática, viver melhor. Tudo isso sem aquela pressão paranoica dos nossos tempos, totalmente evitável para quem sabe lidar direito com dinheiro, de ter de trabalhar até se matar para comprar uma vida confortável, segura e próspera.

A vida é curta, a grana também: aproveite tudo o que você tem!

LA DOLCE VITA!

A vida da gente é uma ocorrência pitoresca: começa de sopetão, sem você pedir, dura um tanto, sem você saber ao certo quanto, e acaba de repente, sem que você queira. Curta, fugaz... a única certeza que a gente tem é que ela passará rápido e deve ser bem aproveitada. *Carpe diem*, em latim, recomendação igualmente impactante em português: "aproveite o tempo presente". Já que o dia de ontem se foi e o de amanhã ainda não chegou, aproveite o dia de hoje! Viva intensamente o hoje; até porque, amanhã...

APROVEITANDO!

Até aí, tudo certo, tudo lindo. Mas toda boa filosofia de vida, se levada ao extremo, pode produzir efeitos colaterais nocivos à própria vida. Assim, da ideia original de aproveitar a vida (e alguém dotado de um mínimo de sanidade mental preferiria jogá-la fora?) surgiu o mais puro hedonismo imediatista: só o que importa é ter o máximo de prazer e tudo junto ao mesmo tempo, ainda hoje! Às favas com o legado do passado! Dane-se a esperança no futuro! A vida é aqui e agora! E tem de ser prazerosa, senão não está valendo!

VAI QUE...

Para reforçar esta proposta de vivência com foco quase exclusivo nas experiências gratificantes de curtíssimo prazo, alguns argumentam: "Vai que eu morro amanhã!" Pode ser, ninguém sabe. Mas, cá entre nós, é improvável, estatisticamente, muito improvável. Você, que agora lê este livro: pela graça do bom Deus, estará vivo amanhã. E não só você: o sujeito à sua esquerda, as duas moças à direita, aquela senhora logo atrás. (Quase) todos estarão vivos amanhã... e, inevitavelmente, colherão os frutos do que terão plantado hoje.

HOJE *VERSUS* AMANHÃ

Na sua vida financeira é assim: se você gastar tudo o que ganha hoje, seu amanhã ficará, inevitavelmente, comprometido. Mas, por quê? Acontece que todos nós temos grandes sonhos de compra e consumo para concretizar, além de eventuais emergências que podem requerer uma boa grana. Ok, as emergências (graças ao bom Deus!) são raras. Mas os sonhos, não! Quem não quer ter carro (trocado periodicamente), casa própria, imóvel de lazer e imóvel(is) de aluguel? Quem não quer fazer grandes viagens, dar grandes festas em ocasiões verdadeiramente especiais, bancar uma boa faculdade (até mesmo uma pós, quem sabe no exterior!) para o(s) filho(s) e ainda se aposentar com um excelente pé-de-meia?

EQUILÍBRIO

Daquilo que você ganha, a maior parte (dois terços) pode ser gasta sem dó para bancar uma boa vida no presente imediato. Mas aquele um terço restante deve ser poupado e aplicado para a aposentadoria (10%), para comprar/trocar de carro (5%), para grandes viagens ou festas (5%), para a faculdade dos filhos (5%) e também para formar uma providencial reserva para a cobertura de emergências (5%). Assim, será possível viver com qualidade uma vida plena de hoje até o final dos seus dias neste mundo, conquistando a prosperidade duradoura.

VAMOS PROSPERAR!

A vida é curta e a gente tem de viver intensamente o presente. Do ponto de vista das finanças pessoais, isso significa que para viver bem, precisaremos gastar ainda hoje a maior parte do dinheiro que ganharmos hoje... mas não tudo! Gaste hoje dois terços do que ganha, poupe o outro um terço e aplique para poder acumular e gastar no futuro, concretizando seus grandes sonhos de consumo ao mesmo tempo que dá conta de viver bem no dia a dia!

10
CULTIVAR A GRATIDÃO

Você pode ser uma pessoa batalhadora — se está lendo este livro eu acredito mesmo que seja —, e gente com esse perfil conquista muita coisa boa nesta vida. Conheço — e admiro grandemente — vários *self made men* e *self made women*, gente que conseguiu fazer muito partindo do pouco, porque soube complementar os recursos escassos com doses maciças de autodeterminação. Porém, não nos esqueçamos jamais de que não dá para ir para a frente sem a ajuda daqueles que nos amam, daqueles que querem — de verdade — o melhor para nós. Neste aspecto, eu lhe recomendo o que procuro fazer: cultive a gratidão para com essas pessoas. Não perca nenhuma oportunidade de valorizar sua ajuda e fazê-las saber como são importantes em sua vida. Conte a elas sempre como foram (ou ainda são) parte de sua trajetória de prosperidade. Isso as fará felizes e o sentimento de gratidão produzirá um bem enorme, atraindo coisa boa de todos os lados. Por fim — e acima de tudo! —, agradeça ao bom Deus que lhe deu o bem mais precioso que você poderá ter: a sua própria vida.

Faça o bem sem olhar a quem... e não olhe com desdém para quem te faz o bem!

TRISTE

Em minha opinião, o sentimento humano mais deplorável é a ingratidão. A ingratidão é calada, fria. A ingratidão é essencialmente injusta e incrivelmente amargurante. Quem já foi alvo de ingratidão sabe do que estou falando. E quem já não passou por isso? Quem nunca teve a oportunidade de abrir seu coração, abrir sua vida — inclusive, abrir a carteira! — e estender a mão amiga a quem precisava, para observar na sequência o desprezo de quem se nutriu de sua força no momento em que mais lhe convinha... apenas para depois, na melhor das hipóteses, simplesmente esquecer-se de você?

RECONHECIMENTO

Não que eu pense que a gente só deva fazer algo de bom para quem quer que seja esperando reconhecimento em troca, aguardando ser aplaudido em praça pública pelo "grande feito" de bondade. Nada disso. Creio que se deve mesmo fazer o bem sem olhar a quem e, sempre que possível, mantendo-se no anonimato. Mas uma coisa é ser ovacionado como benfeitor, outra, bem diferente — no extremo oposto mesmo

— é ser desprezado por quem você sabe que ajudou. Por isso mesmo, eu, particularmente, cuido muito para não incorrer nesse erro que tanto abomino em alguns.

BRAÇOS FORTES!

Muita gente boa me ajudou (e ainda me ajuda!) nesta vida. Mas muita gente mesmo! A todos e a cada um eu procuro mostrar o quanto lhes sou grato, o quanto reconheço seu impacto insubstituível no meu caminho de prosperidade. Podem ser ajudas muito simples, coisas pequenas aos olhos do mundo, mas bem sei que discretas gentilezas podem transformar nosso dia a dia. Algumas das ajudas que recebo, por outro lado, são cruciais, daquelas que podem mudar uma vida. E mudam, sempre para melhor. Enfim, não importa: procuro sempre agradecer, levar meu sorriso a quem doar um pedacinho de sua vida à minha vida. E peço sempre ao bom Deus que me conceda o privilégio de poder, algum dia, retribuir.

RETRIBUIR!

Nem sempre a gente tem a percepção clara de que foi ajudado por alguém. Por diversas vezes não temos acesso à identidade de quem nos auxiliou. Mesmo conhecendo a pessoa, nem sempre conseguimos retribuir direta e adequadamente. Considerando os rumos mutantes e frenéticos que a vida às vezes toma, ocorre que, em certos casos, não há nem mesmo como verbalizar nossa gratidão. Mas ela existe, a gente a sente, e gostaria de expressá-la. Mesmo nestas ocasiões, entendo que há como cultivar gratidão. Que tal olhar para o lado e buscar um outro alguém que possa se beneficiar de sua ajuda, como sinal de reconhecimento (inclusive perante Deus!) a quem o ajudou? Que tal doar algo do seu tempo, do seu talento e também do seu dinheiro a alguém que precisa disso tudo ainda mais que você mesmo? Não seria uma forma interessante de honrar quem o ajudou? Imagino que sim, e por isso pratico — e recomendo — o ato de doar, doar de tudo, como forma de manter vivo o fogo da gratidão. Coincidentemente escrevo estas linhas numa terça-feira, 02 de novembro — o Dia Mundial de Doar (www.diadedoar.org.br).

FUNCIONA!

Em todo este papo, há algo curioso: quanto mais me sinto grato, mais me percebo ajudado, mais me percebo ajudando, mais próspero me torno, mais vejo os que estão ao lado prosperarem! Uma contagiante onda de gratidão e prosperidade, na melhor linha corrente do bem. É uma constatação empírica: apenas sei que gratidão e prosperidade são dimensões indissociáveis. E creio mesmo que há uma determinação superior neste sentido, imagino que foi o bom Deus quem quis assim. Aliás, por falar em Deus, penso que Ele deve ser o alvo nº 1 de minha gratidão. Talvez da sua. Não sei qual sua vertente religiosa. Nem mesmo sei se você crê em Deus. Mas quero lhe dar a oportunidade de conhecer a minha crença, porque estou certo de que ela tem tudo a ver com este particular aspecto deste livro (senão com todos!).

CRISTÃO BÍBLICO

Creio que Jesus Cristo é o Deus Filho que veio ao mundo para morrer na cruz e ressuscitar por nossos pecados, assim, nos religando ao Deus Pai, de quem estávamos separados pelo pecado original. E creio nisto da forma como está colocado na Bíblia Sagrada. Por isso, dou-me o direito de me autointitular cristão bíblico. Ok, então procuro pautar minha vida pelos ensinamentos que Jesus nos deixou em sua passagem neste mundo. E há uma história muito curiosa, relatada no livro de Lucas, capítulo 17, versos de 11 a 19, dando conta de que Jesus curou dez leprosos a caminho de

Jerusalém. Um deles — apenas um — voltou para agradecer a Deus. Mas o fez em voz alta. Qual deles teria arrancado um sorriso de Deus naquele dia?

UM CARA DE SORTE!

Inspirado neste relato, procuro fazer muitas de minhas orações de agradecimento ao SENHOR em voz alta. Sei que Ele me ouve... e nunca pensaram em me colocar em um sanatório por causa disso (risos!). Agradeço por minha vida e de meus queridos, pelas oportunidades de acertar, pela tolerância com meus erros, pela vida e prosperidade dos que me ajudam. E não posso reclamar: tenho sido abençoado muito além do meu merecimento, disso eu sei ☺!

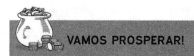 **VAMOS PROSPERAR!**

Esta oração, eu agora faço de coração por Você, meu querido Leitor, minha querida Leitora:

"Senhor Deus, meu Santo Pai: eu lhe agradeço e lhe peço pela vida e prosperidade duradoura deste meu Leitor, desta minha Leitora.

O Senhor sabe que se trata de uma pessoa que está buscando a prosperidade pelas vias corretas do trabalho e da honestidade, da responsabilidade e do esforço, bem dentro dos princípios que o Senhor mesmo instituiu, de bem plantar e bem colher.

Por isso, lhe peço que, se assim for de sua vontade, que abençoe todas as boas iniciativas dessa pessoa, que todas as suas boas escolhas e boas atitudes frutifiquem, não apenas — mas inclusive — no sentido de sua vida financeira.

Isso é o que lhe pede este seu servo, pecador, mas abençoado e grato. E eu o faço no Santo Nome do seu Filho Jesus Cristo. Amém!"

CONTEÚDO CORRELATO A ESTE LIVRO ESTÁ DISPONÍVEL PARA CONSULTA OU DOWNLOAD GRATUITO EM:

WWW.OPLANODAVIRADA.COM.BR

FINANÇAS PESSOAIS
&
EMPREENDEDORISMO & FINANÇAS DA PME

As melhores e mais atualizadas dicas, orientações e ferramentas você encontra no site www.oplanodavirada, o mais completo portal de educação financeira do país, diariamente atualizado pela Equipe do PROF®.

Nosso acervo é composto por artigos, calculadoras, simuladores, áudios e vídeos cobrindo os mais variados aspectos do bom planejamento e da gestão eficaz das finanças. O acesso ao conteúdo do portal é gratuito, e lá você também poderá se inscrever para receber nossa newsletter semanal. Acesse, e vamos prosperar!

**ASSINE NOSSA NEWSLETTER E RECEBA
INFORMAÇÕES DE TODOS OS LANÇAMENTOS**

www.faroeditorial.com.br